1994
O BRASIL É TETRA

A conquista que recolocou a seleção no topo do futebol

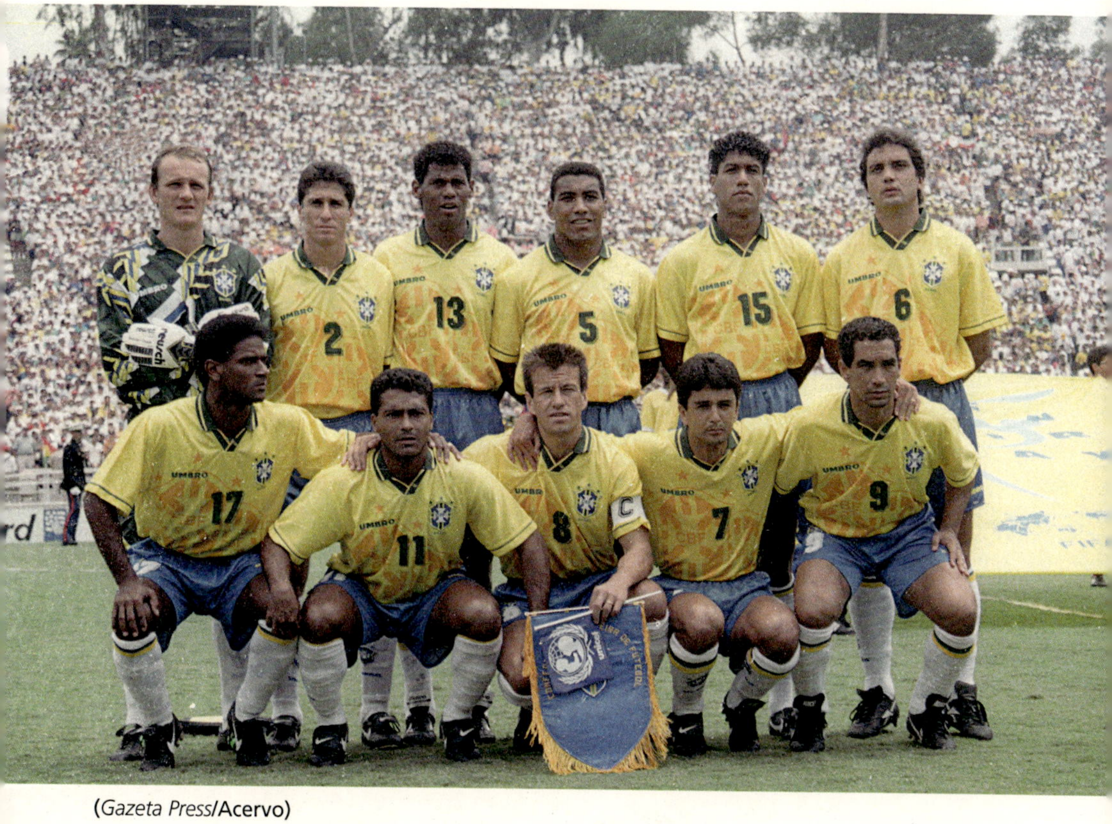

(*Gazeta Press*/Acervo)

CIP-BRASIL. CATALOGAÇÃO NA PUBLICAÇÃO
SINDICATO NACIONAL DOS EDITORES DE LIVROS, RJ

U14m

    Uberreich, Thiago, 1976-
        1994 o Brasil é tetra / Thiago Uberreich. - 1. ed. - São Paulo : Letras do Pensamento, 2024.
        280 p. ; 23 cm.

        Inclui bibliografia
        "Inclui QR code para audição de jogos"
        ISBN 9786589344483

        1. Copas do mundo (Futebol) - História. 2. Copa do Mundo (Futebol) (15. : 1994 : Estados Unidos). 3. Futebol - Brasil - História. I. Título.

24-91812
                CDD: 796.33466809
                CDU: 796.093.427:796.332

Meri Gleice Rodrigues de Souza - Bibliotecária - CRB-7/6439

10/05/2024   14/05/2024

THIAGO UBERREICH

1994
O BRASIL É TETRA

A conquista que recolocou a seleção no topo do futebol

2024

© Thiago Uberreich
© Letras Jurídicas Editora Ltda. – EPP

Editoração e montagem miolo e capa:
@armenioalmeidadesigner

Revisão:
César dos Reis

Fotografia capa:
Gazeta Press/Acervo

Fotografia página 1:
Gazeta Press/Acervo

Editor:
Claudio P. Freire

1ª Edição – 2024 – São Paulo-SP
Reservados a propriedade literária desta publicação e todos os direitos para Língua Portuguesa pela LETRAS JURÍDICAS Editora Ltda. – EPP.

Tradução e reprodução proibidas, total ou parcialmente, conforme a Lei n. 9.610, de 19 de fevereiro de 1998.

LETRAS DO PENSAMENTO
Rua Eduardo Prado, 28 – Vila Bocaina
CEP: 09310-500 – Mauá/SP.
Telefone: (11) 3107-6501 | (11) 9-9352-5354
Site: www.letrasdopensamento.com.br
E-mail: vendas@letrasdopensamento.com.br

Impresso no Brasil

Este livro é dedicado aos eternos campeões de 94, ao técnico Parreira, ao coordenador Zagallo e aos profissionais de imprensa que cobriram a Copa.

Agradecimentos

Gostaria de agradecer a todos que gentilmente contribuíram com depoimentos para este livro. Ao contrário da minha trilogia sobre as conquistas de 1958, 1962 e 1970, em que usei entrevistas feitas por mim ao longo dos anos, para a obra de 1994 eu praticamente comecei um trabalho do zero. A imensa maioria dos ex-jogadores ficou entusiasmada com a possibilidade de relembrar os momentos importantes da quarta conquista da seleção brasileira e alguns deles não perderam a chance de criticar a CBF por, na avaliação dos campeões, não dar a devida importância à história do futebol nacional.

Agradeço a Taffarel, Raí, Mauro Silva, Bebeto (que me chamou de Thiaguinho a entrevista inteira), Jorginho, Paulo Sérgio, Gilmar Rinaldi, Branco, Zinho, Ricardo Rocha, Márcio Santos, Cafu, Mazinho, Zetti e Ronaldão.

O meu muito obrigado ao técnico Carlos Alberto Parreira por falar de maneira tão aberta sobre o comando da seleção, as críticas da imprensa e da torcida e os detalhes da campanha vitoriosa. Reverencio Zagallo, que faleceu durante o processo final de produção do livro, em 5 de janeiro de 2024, aos 92 anos.

Agradeço ao craque de bola Paulo Roberto Falcão, primeiro técnico pós-Copa de 1990, que ajudou a formar a base para a conquista do tetra. Minhas reverências ao genial Tostão, tricampeão no México, em 1970, e um dos maiores cronistas esportivos do país. Ao meu amigo-irmão Alex Ruffo, um dos maiores conhecedores de automobilismo de todo o planeta, que escreveu com maestria o prefácio deste livro. A escolha não poderia ter sido melhor, pois ele foi testemunha ocular dos acontecimentos em Ímola, na Itália, e no Rose Bowl, nos Estados Unidos. Ao Cláudio Freire, da Letras do Pensamento, amigo e editor de todos os momentos e que topa qualquer batalha.

Obrigado também aos profissionais de imprensa que contaram experiências sobre a cobertura da Copa: Galvão Bueno, Oliveira Andrade, Cléber Machado, Luiz Carlos Jr., Jota Júnior, Silvio Luiz, José Carlos Araújo, José Silvério, Octávio Muniz, Luiz Ceará, Nilson César, Mauro Beting, Flávio Prado, Milton Neves, Luiz Carlos Ramos, Ernesto Paglia, Carlos Nascimento[1] e Arnaldo Cezar Coelho (ex-árbitro e comentarista de arbitragem da TV Globo).

Durante a preparação do livro, ganhei um novo amigo: Fábio Marckezini, jornalista e pesquisador da história da TV, que me passou muitas informações e me cedeu, por exemplo, as imagens da transmissão do SBT da final da Copa.

Preciso ainda agradecer aos colegas que facilitaram o processo desse livro e aos amigos que sempre me apoiaram: Daniel Lian, Rodrigo Viga, Thiago Simões, Denise Ornelas, Bruno Toledo Fernandes *(Gazeta Press)*, Bruno Pacheco, Bernardo Itri, Lucas Reis, Erich Onida (assessor do Jorginho), Michael Davis, Marcos Garcia *(Craques do Microfone)*, Leilane Cozzi (filha de Oduvaldo Cozzi), Felipe Sapia (meu sobrinho e jornalista de primeira linha), KK Martins, Jacqueline Brazil e Ademir Takara *(Museu do Futebol)*. Ainda: Ricardinho, Luiz Inaldo, Wilson Gonçalves, Jô, Dete e Nalva.

Agradeço à minha mulher, Mariana, pela paciência, aos meus pais, Téo e Cléo, meu irmão, Davi, e a todos meus familiares.

---

1. Carlos Nascimento foi entrevistado pelo jornalista Fábio Marckezini.

Apresentação

Eu estava na arquibancada do Pacaembu quando Ribeiro, torcedor símbolo do Corinthians, parou para conversar com um grupo sentado ao meu lado. Perguntaram a ele quais eram as chances da seleção brasileira na Copa. A resposta foi direta: "*Eu acho que o Brasil nunca esteve tão perto do tetra*". Aquela frase ficou na minha cabeça e eu torcia muito para que aquele corintiano folclórico estivesse certo. E felizmente estava! Era maio de 1994 e o país chorava a morte de Ayrton Senna. A vitória no futebol seria dedicada ao grande ídolo do Brasil.

Desde que comecei a ler e colecionar material sobre Copa do Mundo, em 1990, quando estava com 13 anos, eu sonhava em ver ao vivo um título da seleção. Em 1970, na conquista do tricampeonato, a população brasileira era de 90 milhões de habitantes. Já em 1994, 24 anos depois, o número saltou para 160 milhões; ou seja, milhões de torcedores nunca tinham visto a amarelinha no topo do futebol mundial. Além da fila incômoda, foram cinco Copas perdidas e com muitas tristezas e frustrações, como a derrota da inesquecível equipe de Telê Santana, em 1982.

Após o vexame na Itália, em 1990, quando a seleção ficou em nono lugar, um dos piores desempenhos em mundiais, era preciso pensar em um plano para acabar com a agonia da torcida. O período de preparação até o mundial nos Estados Unidos foi marcado por muita turbulência. Quase três décadas depois, é preciso lembrar que aquele grupo vencedor foi um dos que mais enfrentaram críticas de torcedores e da imprensa: era um massacre. O treinador Carlos Alberto Parreira rebatia diariamente questionamentos e interpelações de que estaria comandando uma equipe burocrática, com pouco brilho e que só jogava pelo resultado[2]. Enquanto isso, o supersticioso Zagallo, coordenador técnico de Parreira, fazia a contagem regressiva de quantos jogos faltavam para o título. Apesar das dificuldades, a conquista foi justa, muito justa, e aquele grupo se uniu com o objetivo de recuperar o moral da seleção que tinha perdido os cinco mundiais anteriores: 74, 78, 82, 86 e 90.

Leitores vinham me perguntando se eu iria escrever sobre a Copa disputada nos Estados Unidos, a décima quinta da história. A vontade de ler sobre o "tetra" tem a ver com a memória afetiva de milhões de torcedores, inclusive a minha. Foi a primeira vez que eu gravei todos os jogos de um mundial, ainda na fita VHS (na época eram 52 partidas). Aproveitando as férias escolares, eu virava a madrugada revendo as partidas e acompanhando as discussões esportivas, como o *Apito final*, da Bandeirantes, e o *Jô na Copa*, diretamente dos Estados Unidos.

E por falar em memória afetiva, a minha casa estava cheia, como poucas vezes eu vi, naquele domingo frio, mas ensolarado de 17 de julho. Estávamos na expectativa pelo desempenho de Romário e Bebeto. Eles eram os principais nomes da seleção que marcou 11 gols em 7 jogos (a mais econômica das cinco campeãs). A decisão, no estádio Rose Bowl, em Pasadena, Califórnia, repetiu a final de 1970 entre Brasil e Itália. Mas, 24 anos depois, o duelo não teve gols.

Na disputa por pênaltis, a seleção venceu por 3 a 2 e a cena de Roberto Baggio desolado por perder a última cobrança me marcou para sempre. Quem assistia à Globo, lembra-se de que, depois do chute do camisa 10 da Itália, ouviu o "tema da vitória", utilizado pela emissora

---

2. É bom lembrar que o técnico Telê Santana foi criticado em 1982 justamente por não segurar o empate contra a Itália, resultado que classificaria a seleção brasileira para a semifinal da Copa. A equipe perdeu por 3 a 2 e foi eliminada do mundial, na Espanha.

sempre que Ayrton Senna chegava em primeiro nas corridas. Na sequência, apareceu a imagem de Galvão Bueno, ao lado de Pelé e Arnaldo Cezar Coelho, gritando *"é tetra, é tetra, é tetra..."*. Já Luciano do Valle, da Bandeirantes, soltou a voz, após o pênalti perdido: *"Para fora, Brasil campeão do mundo"*. Pelo SBT, Luiz Alfredo gritou, pelo menos, cinco vezes seguidas: *"O Brasil é tetracampeão do mundo"*.

Aquele ano, para mim, também é importante, pois estava terminando o Colégio Rio Branco, em São Paulo, e já sabia que queria ser jornalista. Minha querida mulher, Mariana Manzione Sapia (hoje Uberreich também), estudava na mesma classe e nos reencontramos quase 20 anos depois. Casamos em 2016.

Após tantos anos, chegou a hora de fazer justiça àquela seleção de 1994. Problemas sempre existem e críticas são normais, mas os jogadores e a comissão técnica que voltaram dos Estados Unidos com o título merecem todas as reverências! Era o início de uma nova hegemonia do Brasil na história das Copas. Depois de 1994, a equipe nacional disputou as decisões de 1998, quando foi vice-campeã, e de 2002, ano do penta-campeonato mundial. Ou seja: três finais consecutivas.

Espero que as páginas de *"1994 o Brasil é tetra"* façam bem para a sua memória afetiva!

Thiago Uberreich / julho de 2024.

Apresentação especial

Foi a minha primeira Copa *in loco*. Coisa de louco em um país do tamanho dos Estados Unidos e que chama futebol de *soccer*. Foi "o mundo" para o Brasil chamar de nosso depois de 24 anos. Romário, Bebeto e o melhor time de 1994. Um suador no maior calor da minha vida em Pasadena. Um pesadelo que Baggio chutou nas mãos de Ayrton. Não foi a melhor Copa, mas a primeira não se esquece. É tetra!

Mauro Beting

Prefácio

O ano de 1994 foi marcado pela conquista do tetracampeonato da Copa do Mundo pela seleção brasileira e também por aquela manhã de domingo em que Ayrton Senna deixava as pistas de corrida para se eternizar como um dos maiores ídolos do esporte a motor mundial.

Você lembra onde estava naquele primeiro de maio e no dia em que a nossa seleção conquistou o tetra? Algumas datas são realmente memoráveis e inesquecíveis. Você certamente se recorda de onde estava quando as Torres Gêmeas de Nova Iorque foram derrubadas durante os ataques terroristas de 11 de setembro de 2001. Caso você seja da década de 50, como eu, vai se lembrar de outras datas que deixaram forte registro na história, como a chegada do homem à Lua, em 20 de julho de 1969, e o assassinato do presidente norte-americano John Kennedy, em 22 de novembro de 1963.

Para nós brasileiros, o ano de 1994 traz registros marcantes a serem lembrados, muito além de um simples ano do calendário gregoriano. O Brasil foi do inferno ao céu, com a tristeza pela morte de Ayrton Senna no GP de San Marino, no dia 1º de maio, e dois meses e meio depois pela alegria da conquista do tetra, em 17 de julho. Como repórter fotográfico, naquele primeiro domingo de maio, eu estava posicionado na curva Tosa do circuito de Ímola quando a Williams de Senna se chocou contra o muro da curva Tamburello. Já como torcedor, no auge do verão dos Estados Unidos, eu estava em Pasadena, na Califórnia, no Rose Bowl, atrás do gol contrário onde Roberto Baggio perdeu o último pênalti da Itália, definindo o tetra para o Brasil.

Com maestria, Thiago Uberreich transporta o leitor de *"1994: o Brasil é tetra"* para muito além das quatro linhas do gramado e do grito de tetra entalado na garganta dos brasileiros. A obra vai muito além da genialidade de Romário, das defesas mágicas de Taffarel, da emblemática comemoração de Bebeto embalando o bebê e da imagem do capitão Dunga levantando a taça da quarta conquista do Brasil em Copas.

Depois do infortúnio de cinco mundiais perdidos, Uberreich traça a linha do tempo da seleção brasileira, com o longo caminho rumo à vitória, que passa pela derrota da inesquecível equipe de Telê Santana em 1982, pelo vexame de 1990 e pela consequente turbulência durante a preparação para o mundial de 1994.

Marcada pela contagem regressiva de jogos até a grande final, a seleção do burocrático Parreira e do supersticioso Zagallo transpirava incertezas e insegurança.

Domingo de decisão e termômetro na casa dos mais de 40 graus! Calor no estádio e na torcida, *show* de Whitney Houston, hinos do Brasil, da Itália e dos Estados Unidos, caças sobrevoando o gramado e precisamente ao meio-dia e meia a bola começou a rolar. Junto com o apito, mais uma contagem regressiva, desta vez pelos 90 intermináveis minutos, que se estenderam pelos 30 de prorrogação e cobranças de pênaltis.

No primeiro toque de bola, esperança retomada e incertezas esquecidas. Aquela seleção brasileira desacreditada coroa a genialidade de Romário, que se fez presente nos sete jogos da Copa e que, por justiça, poderia ter levantado a torcida com um grito de gol no fim da prorrogação, quando a bola caprichosamente quase tirou tinta da trave do goleiro Pagliuca, da *Squadra Azzurra*. O mesmo capricho não teve Roberto Baggio ao desperdiçar o último pênalti para dar à seleção brasileira o merecido quarto título mundial.

O livro que você tem em mãos resgata com primazia e riqueza de detalhes a memória afetiva dos torcedores pela narrativa de Thiago Uberreich, um craque dentro e fora das quatro linhas.

Alex Ruffo
Formado em engenharia naval, começou a cobrir Fórmula 1 em 1986 e hoje é um dos maiores jornalistas especializados em automobilismo do país. É torcedor do Corinthians.

SENNA... ACELERAMOS JUNTOS, O TETRA É NOSSO!

Sumário

Agradecimentos 7
Apresentação 9
Prefácio - Alex Ruffo 15
1. Fim da fila: a seleção volta ao topo depois de 24 anos 21
2. Preparação turbulenta gera desconfianças 35
3. A Copa de novo na América do Norte 81
4. Estreia convincente: Brasil 2 x 0 Rússia 97
5. Mais três pontos: Brasil 3 x 0 Camarões 107
6. Chuva de críticas: Brasil 1 x 1 Suécia 117
7. Independência e sufoco: Brasil 1 x 0 Estados Unidos 129
8. Vitória maiúscula: Brasil 3 x 2 Holanda 141
9. Um pequeno gigante: Brasil 1 x 0 Suécia 155
10. Sofrimento, agonia e êxtase: Brasil 0 x 0 Itália (3 x 2 - pênaltis) 165
11. "É tetra! É tetra! É tetra!": a cobertura da Copa na TV, no rádio e nos jornais 205
12. Os homens de Parreira e de Zagallo 235

Resultados, classificação e curiosidades da Copa de 1994 247
Referências 273

"Toca porque ela é nossa."
(Parreira ao incentivar torcedores nas arquibancadas do estádio Rose Bowl a tocarem na taça que estava nas mãos dele)

Comissão técnica e jogadores fazem festa com Carlos Alberto Parreira
(*Gazeta Press*/Acervo)

1

Fim da fila: a seleção volta ao topo depois de 24 anos

Por cinco vezes o tetracampeonato foi adiado. Os holandeses *Neeskens* e Cruyff acabaram com o sonho da seleção brasileira em 1974. Na Argentina, quatro anos depois, um resultado praticamente arranjado entre os donos da casa e a equipe do Peru frustrou os planos do quarto título. Na Espanha, em 1982, a derrota foi dolorida, com direito a três gols do italiano Paolo Rossi. Uma tragédia jamais esquecida! No México, em 1986, a França eliminou a equipe nacional nas cobranças de pênaltis. Quantos erros! E na Itália, em 1990, a genialidade de um argentino destruiu novamente o sonho do tetra.

Foram quase duas décadas e meia de espera para a seleção brasileira ganhar de novo uma Copa do Mundo. Nas cinco edições perdidas, a torcida voltou a acreditar no "complexo de vira-latas", termo cunhado pelo cronista pernambucano Nelson Rodrigues ao se referir aos fracassos esportivos brasileiros antes do primeiro título, em 1958, na Suécia. A cada quatro anos, vinha uma nova eliminação que, claro, frustrava os torcedores e deixava a seleção desprestigiada no cenário mundial. A imprensa proclamava com todas as letras que o futebol nacional estava em decadência.

O período 1970–1994 foi marcado pelo crescimento da população brasileira. Se no ano do tricampeonato no México eram 90 milhões em "ação", como exaltava a música de Miguel Gustavo, em 1994 o IBGE apontava 161 milhões. Ou seja, cerca de 70 milhões de pessoas nunca tinham visto a seleção canarinho no topo do mundo. Sabemos que no Brasil futebol é coisa séria e a fila incomodava a torcida e a imprensa. Por isso, a equipe tetracampeã foi, talvez, a mais enxovalhada de toda a história, não só durante a fase de preparação, que detalharemos no próximo capítulo, mas durante a campanha nos Estados Unidos.

A equipe, comandada por Carlos Alberto Parreira, foi avaliada por boa parte da crônica esportiva da época como uma equipe que apresentou um futebol sem brilho, burocrático e que estava apenas preocupada com o resultado. Nas intermináveis discussões sobre futebol, os torcedores, muitas vezes, mostram-se inconformados com o fato de que a inesquecível seleção de 1982, eliminada pela Itália do carrasco Paolo Rossi, não foi campeã e a equipe de 1994 conseguiu o título tão almejado.

Essa comparação é injusta com os jogadores que, merecidamente, recolocaram o Brasil no cenário de glória do esporte mais popular do planeta, e fizeram com que a seleção fosse a primeira tetracampeã da história (assim como tinha sido com o tricampeonato e também como foi com o penta, em 2002). Em meio às críticas, muitas vezes exageradas, o técnico Carlos Alberto Parreira declarou durante a Copa: *"O que as pessoas não entendem no Brasil é que a fantasia, a magia, o sonho e o show acabaram no futebol. Agora o importante é ser competente"*. Não há dúvida de que a seleção de 1994 foi competente e eficiente, apesar de não ser unanimidade. Sobre os torcedores, o treinador desabafou: *"Se fosse levar em consideração o que a torcida quer, não chegaria a lugar nenhum"*. Às vésperas do duelo contra os Estados Unidos, pelas oitavas de final da Copa, Parreira foi taxativo diante de dezenas de microfones posicionados na concentração de Los Gatos: *"A torcida não passa de caixa de retumbância. Os meios de comunicação a influenciam"*. Ou seja, para o treinador, a insatisfação dos torcedores é resultado do que a mídia divulgava.

Décadas depois, ao avaliar toda a turbulência enfrentada, Parreira rasga elogios ao time: *"Foi um trabalho muito bem-feito. Desde o início*

havia uma pressão muito grande, o futebol brasileiro estava desacreditado. Agora existia uma confiança enorme naquele grupo de jogadores e eles foram fantásticos. Era um ambiente altamente profissional, de amizade, de vontade e de querer voltar a ser campeão. [...] Quando você olha, o goleiro, a defesa, Romário, Bebeto, Taffarel... era um time sensacional, Dunga, Ricardo Rocha, Leonardo. Não foi campeão do mundo por acaso. [...] Eu sabia o que a gente queria. A gente não começou jogando em um esquema 4-4-2. Começamos com um 4-3-3 e fomos adaptando até chegar no que foi".[1]

O mundo em 1994 era quase totalmente analógico. O aparelho celular, por exemplo, não passava de um artigo de luxo, não havia *smartphone*, muito menos redes sociais, e a televisão e o rádio ainda eram os principais veículos de informação dos brasileiros e contavam com audiências massacrantes em todo o país.

A imprensa esportiva criava ídolos, mas também jogava nomes na lata do lixo. A vitória da seleção nos Estados Unidos foi também uma vitória pessoal de Dunga, capitão do Brasil que recebeu a taça de campeão das mãos do então vice-presidente dos Estados Unidos, Al Gore, no Estádio Rose Bowl, em Pasadena, na Califórnia, em 17 de julho de 1994. Quatro anos antes, a seleção brasileira, comandada por Sebastião Lazaroni, naufragou na Itália ao amargar o nono lugar, depois da eliminação para a Argentina, nas oitavas de final. Foi um dos piores desempenhos brasileiros em mundiais. O fracasso foi tão retumbante que a imprensa rotulou aquele período de "Era Dunga".

No entanto, quem tanto atacou, criticou e ironizou a seleção brasileira que foi disputar a sexta Copa do pós-70, teve que engolir seco e se conformar: a festa que tomou conta de todo o território nacional, assim que o italiano Roberto Baggio chutou a bola para fora da meta de Taffarel, na disputa por pênaltis, está entre as maiores manifestações populares de toda a história do Brasil. Quem já tinha visto a seleção ser campeã pôde, finalmente, desentalar o grito de campeão, e quem nunca tinha visto, estava testemunhando aquela euforia pela primeira vez. O futebol não resolve as mazelas nacionais, mas é a expressão popular mais genuína que pode existir.

---

1. Depoimento ao autor em agosto de 2023.

Com o tetra houve uma explosão de registros em cartórios de garotos com o nome Romário, atacante convocado em cima da hora para o último jogo das eliminatórias, contra o Uruguai, no Maracanã, e que virou o símbolo daquela Copa. Dos onze gols brasileiros no mundial, a dupla Bebeto-Romário foi responsável por balançar as redes oito vezes.[2]

Depois de muitas frustrações, a seleção brasileira recuperou o prestígio e, após a conquista de 1994, chegaria à final das duas Copas seguintes: perdeu para a França, em 1998, mas foi pentacampeã em 2002, diante da Alemanha.

O tetra é dedicado a um tricampeão das pistas

A vitória da seleção ajudou o brasileiro a amenizar a dor da perda de um dos maiores ídolos nacionais de todos os tempos: Ayrton Senna, tricampeão mundial de Fórmula 1, morto em um acidente na pista de Ímola, na Itália, em primeiro de maio de 1994. A tragédia causou uma comoção poucas vezes vista. Em São Paulo, milhares de pessoas passaram pelo funeral na Assembleia Legislativa, na região do Ibirapuera, na zona sul, e acompanharam o cortejo para o enterro no Cemitério Parque Morumby. Cerca de dois meses e meio depois, a população voltou às ruas para comemorar o fim de um dos jejuns mais incômodos do futebol nacional.

Nunca dois esportes completamente diferentes estiveram tão unidos, como em 1994. Durante as comemorações no Rose Bowl, os jogadores estenderam uma faixa com a seguinte inscrição: *"Senna... aceleramos juntos, o tetra é nosso"*. O grande Ayrton Senna provavelmente seria tetra nas pistas naquele ano. Quem assistiu à finalíssima contra a Itália pela Globo (ver mais no capítulo 11), ouviu o "tema da vitória", assim que a disputa por pênaltis terminou com o erro de Baggio. A trilha embalava as vitórias de Ayrton Senna e, naquele instante, embalava a mais recente conquista do futebol brasileiro.

---

2. No total, foram cinco de Romário e três de Bebeto.

Cartaz da Varig que mostra a faixa em homenagem a Senna
(Acervo pessoal do autor)

Na edição comemorativa da *Revista Manchete*, Senna é chamado de *"A bandeira do tetra"*. O campeão se enrolava na bandeira brasileira a cada vitória nas pistas: *"[...] Senna criou o ritual das bandeiras em 1986. A França eliminou o Brasil em um sábado na Copa do México e, no dia seguinte, Senna venceu o francês Alain Prost no GP de Detroit. Para tripudiar, deu a volta no circuito com a bandeira que se tornou sua marca registrada. [...] Senna foi tetra com a seleção, nas mãos de Romário e da torcida"*. Na cerimônia de entrega da taça, Romário, chamado de *"Reimário"*, estava enrolado à bandeira brasileira, como fazia o saudoso campeão da Fórmula 1.

Funeral de Ayrton Senna na Assembleia Legislativa de São Paulo
(*Gazeta Press*/Acervo)

O Brasil e o mundo em 1994

A revista *Veja*, na edição de 18 de julho de 1994, fez uma comparação interessante entre o Brasil da primeira conquista do futebol, em 1958, e o do tetra, 36 anos depois: *"[...] O Brasil tem hoje 100 milhões de eleitores. Tinha menos de 13 milhões em 1958. Fabrica 1,4 milhão de automóveis. Naquele ano fez exatamente 60.983, sendo 2.189 carros de passeio, um feito da indústria nacional que mereceu um parágrafo inteiro da mensagem do presidente Juscelino Kubitschek ao Congresso em 1959".* Em 1958, a capital ainda era o Rio de Janeiro e Brasília só seria inaugurada em abril de 1960.

O futebol nunca está dissociado do momento social, político e econômico de uma sociedade. Como sempre, a conquista de uma Copa gerou muita euforia que extrapolou as quatro linhas do gramado. Em primeiro de julho de 1994, durante o mundial, entrou em vigor o Plano Real, idealizado por uma equipe de economistas comandada por Pérsio Arida e André Lara Resende. O ministro da Fazenda era Fernando Henrique Cardoso, que seria eleito presidente da República no pleito de outubro daquele ano, e tomaria posse em janeiro de 1995. O Plano Real representou o controle definitivo da hiperinflação.

Luciano do Valle, um dos maiores narradores esportivos de todos os tempos, empolgado com a conquista do tetra, exaltava: *"É um privilégio de uma geração ver as imagens e participar desse trabalho. Porque, às vezes, você trabalha, trabalha, busca, busca e não consegue. Então, nessa hora a gente tem que rezar, realmente, orar e participar dessa festa com o coração aberto e sabendo que os exemplos têm que ser tirados dessa campanha. E a união e a determinação são as coisas mais importantes... e o patriotismo! É a bandeira do Brasil que mais uma vez vai para o pódio, o mundo inteiro viu a bandeira brasileira. E quando os jogadores se enrolam nela, mostram ao mundo que nós somos um país em ascensão, esportivamente e tomara que politicamente e economicamente".*

Aliás, a TV Bandeirantes publicava nos jornais chamadas destacando a Copa e o Plano Real:

Chamada publicada nos jornais
(Acervo pessoal do autor)

Na partida de estreia da seleção, contra a Rússia, durante a transmissão da Globo, Galvão Bueno lembrava os brasileiros: *"A partir de primeiro de julho você tem quinze dias para trocar o seu dinheiro antigo pela nova moeda, o Real"*. No jogo seguinte, diante de Camarões, o narrador mencionou um telefone para as pessoas tirarem dúvidas sobre a nova moeda: 0800-992345.

Já a Petrobras fez uma campanha com o *slogan "Torcida organizada pelo Real; o Brasil ganha com essa moeda"*. O texto, ilustrado com desenhos de canários nas cores verde e amarela, dizia: *"Real!Real!Real! Esse é o grito da torcida nos postos Petrobras pela moeda que está fazendo valer o seu dinheiro [...]. A moeda volta a valer uma nota"*. Os Correios também foram no embalo e lançaram um *jingle* com o refrão: *"Agora é real/Agora é pra valer"*.

Em mais um exemplo da ligação do futebol com o momento político e econômico, a conquista do tetracampeonato foi mencionada por Fernando Henrique Cardoso durante a campanha eleitoral. FHC deixou o ministério da Fazenda em 30 de março de 1994. Em 21 de julho, quatro dias depois da vitória da seleção nos Estados Unidos, ele participou de um ato político em Resende, no Rio de Janeiro, e, em um discurso, fez a seguinte associação: *"A vitória da seleção beneficia o Brasil. Minha candidatura é parte do Brasil. [...] A vitória é boa para todos nós. Não é só para a minha candidatura. É boa para o país"*. Fernando Henrique Cardoso comparou o Real à vitória esportiva: *"[...] tem que fazer como a seleção, que calculou, trabalhou e deu certo. [...] É como fizemos na economia. O governo fez um plano equilibrado. O Brasil entendeu e vai dar certo [...]"*.

Ao contrário de 1970, quando o país vivia o auge do regime militar com a presidência de Emílio Garrastazu Médici, em 1994 o Brasil gozava de plena democracia. A nação superava a turbulência causada pelo governo Collor, que confiscou a poupança dos brasileiros e foi marcado por denúncias de corrupção. O primeiro presidente eleito pelo voto direto desde os militares não deixou saudade e sofreu *impeachment* em 1992; Itamar Franco, vice de Collor, assumiu o cargo com inúmeros desafios. O político mineiro, muito lembrado por incentivar a volta do Fusca, da Volkswagen, veículo mais comum no Brasil justamente no ano do tricampeonato, em 1970, fez uma gestão importante de transição para a era Fernando Henrique (1995–2002). Para manter a tradição, Itamar recebeu os jogadores tetracampeões em Brasília, em meio à festa na Capital Federal e em todo o país. Antes da Copa, o presidente não aceitou um convite do governo norte-americano para acompanhar os duelos do mundial *in loco*.

Depois de 24 anos, os ares eram mais respiráveis naquele Brasil, é verdade, apesar de a vitória esportiva também ter contribuído para dar uma injeção de ânimo na população, assim como em 1970. Em meados dos anos 90, o país colecionava problemas e desafios discutidos na eleição presidencial. O Brasil sentia, por exemplo, os impactos do crescimento populacional, principalmente nas cidades, da violência e do aumento do tráfico de drogas.

O mundo em 1994 também não era mais o mesmo de 1970. A Guerra Fria tinha terminado, o Muro de Berlim caído e a União Soviética não existia mais. As comunicações começaram a engolir cada vez mais as fronteiras. O celular, ainda artigo de luxo, começava a aparecer nas prateleiras. O aparelho era usado para chamadas e, no máximo, para enviar uma limitada mensagem de texto. Eram tempos do *pager* e do fax. Ao mesmo tempo em que a tecnologia indicava o futuro, o telefone fixo ainda era predominante. A Telesp (Telecomunicações de São Paulo) fazia cadastramento para os interessados em linhas telefônicas. Enquanto isso, os computadores se modernizavam, mas eram mais presentes em empresas do que em residências. O quadro só mudaria a partir da privatização da Telebrás, em 1998.

Já a TV ainda estava na era do "tubo", sendo que a de 29 polegadas era a mais desejada pelas famílias. Se você quisesse comprar um novo aparelho para ver a Copa, tinha que procurar em lojas, como Mappin, Mesbla e Casa Centro. Para gravar os jogos, a única alternativa era a fita VHS dos videocassetes:

Propaganda publicada nos jornais em junho de 1994
(Acervo pessoal do autor)

A chegada da Copa do Mundo provocou um aumento de 21% nas vendas de TVs de janeiro a março de 1994, na comparação com igual período do ano anterior. O setor projetava que para a competição nos Estados Unidos seriam vendidos quatro milhões de aparelhos de televisão: *"[...] O crediário em URV, mais longo, também anima o consumo. E mais, dizem os fabricantes, em três anos, os preços dos produtos – em dólar – cairiam entre 30% e 35%, em média [...]"*, citava a Folha de S.Paulo. Lembrando que a URV, Unidade Real de Valor, foi uma espécie de moeda paralela para facilitar a transição do Cruzeiro para o Real.

Para se ter uma ideia sobre o consumo no início dos anos 90, os jornais e revistas, como *Manchete*, *Veja*, *IstoÉ* e *Caras* traziam propagandas das seguintes marcas: Gillette Sensor, General Motors, com destaque para Omega e Vectra, Petrobras, Ericsson, Kibon, Kolynos, Casio, Firestone, Philips, Telebrás (que oferecia *roaming* automático), Colorama, Banespa, Bradesco, Resprin e Yakult. Já um comercial da Brahma, cujo *slogan* era *"A número 1"*, contava com a participação de jogadores da seleção, como Romário, Bebeto, Raí e Zinho. Eles e outros atletas foram acusados de comemorar gols perto das placas de propaganda da empresa colocadas nos estádios, além de levantar o dedo indicador em alusão ao *"número um"*.

Nos cinemas, o ano de 1994 contou com o lançamento de filmes que marcaram época, como *Pulp Fiction, Forrest Gump, Velocidade Máxima, O Máskara, O Rei Leão, Um sonho de liberdade* e *Entrevista com o Vampiro*. Já no Brasil, o renascimento do cinema nacional ainda não tinha saído do papel, mas um filme de destaque foi *Lamarca*, de Sérgio Rezende, sobre a história do capitão do Exército que desertou, virou opositor da ditadura e foi morto na Bahia em 1971. O ator Paulo Betti interpretou Lamarca.

Além de Ayrton Senna, o Brasil perdeu, em 1994, um dos jogadores mais habilidosos da história e que tinha totais condições de estar entre os tetracampeões: Dener, grande destaque da Portuguesa, Grêmio e Vasco. O atacante morreu aos 23 anos, em 19 de abril, em um acidente de carro. O ano do tetra teve ainda a morte do "trapalhão" Mussum, em 29 de julho, doze dias depois da conquista. Já a música brasileira se despediu de um dos seus maiores gênios: o grande maestro Tom Jobim, morto em dezembro.[3]

Por falar em música, *"Brasil Pandeiro"*, antiga canção de Assis Valente, foi muito utilizada por emissoras de rádio e TV em comerciais naquele ano para homenagear a seleção brasileira. A letra, originalmente, tinha sido feita para a cantora e atriz Carmen Miranda, que, no começo da década de 40, voltou ao Brasil depois de uma temporada nos Estados Unidos. A letra tem tudo a ver com a conquista do futebol nacional em terras americanas: *"Chegou a hora dessa gente bronzeada mostrar seu valor/ Eu fui à Penha, fui pedir à Padroeira para me ajudar/Salve o Morro do Vintém/Pendura a saia, eu quero ver/Eu quero ver o tio Sam tocar pandeiro para o mundo sambar/[...] Brasil, esquentai vossos pandeiros/Iluminai os terreiros/ Que nós queremos sambar [...]"*.

Para os brasileiros finalmente sambarem nos Estados Unidos, foi preciso enfrentar um dos períodos mais turbulentos de preparação em toda história da seleção, a partir da derrota na Copa de 1990, na Itália.

---

3. Em abril de 1994, morreu o ex-presidente dos Estados Unidos, Richard Nixon.

Além de buscar um time ideal dentro de campo, foi preciso conviver com as críticas da imprensa, os questionamentos da torcida e carregar nas costas todo o peso de vinte e quatro anos de fila.

Deu samba, é verdade, mas com muitos percalços!

"A Copa dos Estados Unidos foi do 'Baixinho'. Não de Maradona, mas do 'mignon' Romário de Souza Faria – 1,68 metro do mais puro talento."

(Revista Caras especial do tetra)

Romário marca o segundo gol contra o Uruguai

2

Preparação turbulenta gera desconfianças

Lurdi Taffarel, mãe do goleiro da seleção brasileira, era garota propaganda de uma grande marca da indústria de alimentos. No comercial[4] veiculado durante a Copa de 1990, ela dizia que a seleção brasileira iria conquistar o tão sonhado tetracampeonato e até batia na madeira! A superstição, no entanto, não deu resultado. A equipe, comandada por Sebastião Lazaroni, foi eliminada da Copa pela arquirrival Argentina, em 24 de junho, em Turim. O sonho, portanto, estava adiado por mais quatro anos.

Depois do apito final, Maradona trocou sua camisa com a de Careca, colega de Napoli, e a imagem do 10 argentino com a amarelinha, comemorando a classificação dos argentinos, era amarga para os brasileiros. Naquele jogo, o craque driblou Alemão, passou por Dunga, foi para cima da zaga brasileira e colocou Caniggia na cara de Taffarel que, driblado, ficou estirado no chão se lamentando pelo gol sofrido: 1 a 0.

Pela quinta vez consecutiva, a equipe tricampeã do mundo estava eliminada de uma Copa. Para piorar, a classificação que obteve na Itália, o nono lugar, foi a pior desde o México, em 1970. Em 1974, na Alema-

---

4. Durante a Copa de 1990, a Knorr veiculou comerciais com as mães de Taffarel, Dunga e Bebeto.

nha, a seleção, treinada por Zagallo, terminou em quarto lugar. Destaque negativo para a derrota por 2 a 0 para o carrossel holandês, comandado por Rinus Michels, que contava com o brilhante Cruyff. Já em 1978, a equipe brasileira terminou o mundial, na Argentina, em terceiro, apesar de ter sido de forma invicta.[5] Em 1982, na Espanha, os brasileiros choraram a dura desclassificação para a Itália, com três gols de Paolo Rossi, no Estádio Sarriá, em Barcelona. A seleção, orientada pelo mestre Telê Santana, contava com nomes de primeira grandeza do futebol nacional, como Júnior, Zico, Sócrates, Falcão e Éder, mas ficou em quinto lugar. Naquele ano, os italianos se igualaram ao Brasil com três conquistas.

A fila sem títulos ia ficando cada vez mais incômoda quando, em 1986, novamente no México, a seleção brasileira, também sob o comando de Telê, caiu nas quartas de final para a França em um jogo dramático em Guadalajara, cidade de inesquecíveis lembranças do tricampeonato mundial, em 1970. Depois de um empate por 1 a 1 no tempo normal e na prorrogação, a eliminação veio nos pênaltis: 4 a 3.

Em 1990, na Itália, a equipe nacional estava confiante, apesar das duas décadas de jejum. No ano anterior, a seleção tinha conquistado a Copa América[6], dentro de casa, com uma vitória diante do Uruguai, na finalíssima, e a expectativa era positiva para o mundial. No entanto, apesar de grandes jogadores, a campanha na Itália foi pífia:

10.06.1990 – Brasil 2 x 1 Suécia – Turim
16.06.1990 – Brasil 1 x 0 Costa Rica – Turim
20.06.1990 – Brasil 1 x 0 Escócia – Turim
24.06.1990 – Brasil 0 x 1 Argentina – Turim

---

5. O técnico Cláudio Coutinho, que comandava a seleção, afirmou que o Brasil tinha sido "campeão moral".

6. A última vez que a seleção conquistou a competição sul-americana tinha sido no longínquo ano de 1949.

Alemão observa Maradona no duelo pela Copa de 1990
(*Gazeta Press*/Acervo)

A Copa foi vencida pela Alemanha que se igualou a Brasil e Itália no número de títulos, três. A manchete da *Folha de S.Paulo*, depois da eliminação para a Argentina, foi a seguinte: *"Pragmatismo sem gols do Brasil acaba derrotado por Maradona"*. O técnico Sebastião Lazaroni pediu desculpas *"aos amigos que decepcionei"*. O problema é que não foram apenas os amigos do treinador que ficaram decepcionados, mas uma nação de mais de 160 milhões de pessoas. Não restava outra alternativa a não ser juntar os cacos e pensar na preparação para a Copa de 1994, nos Estados Unidos.

Para efeito de comparação, dos vinte e dois jogadores tetracampeões, nove tinham disputado o mundial de 90: Taffarel, Jorginho, Mazinho, Ricardo Rocha, Branco, Dunga, Bebeto, Romário e Müller. Mas o processo até a Copa seria longo, com troca de técnicos, indefinições e muitos ataques da imprensa contra a CBF.

O lateral Branco destaca que a transição 1990–1994 foi cheia de percalços, mas a derrota, na Itália, trouxe muita experiência: *"O time de 94 tinha nove jogadores titulares que estavam no grupo derrotado quatro anos antes. O elenco campeão do mundo era muito experiente e com jogadores de alto nível. Nós apelidamos esse grupo de atletas mais cascudos de 'Dinos'. No meu caso, era a terceira Copa do Mundo. A pressão era muito grande. Vinte e quatro anos sem vencer e vínhamos de uma eliminatória muito complicada, o que gerou muita desconfiança no torcedor e na imprensa"*.[7] Branco esteve nos elencos das Copas de 1986, 1990 e 1994.

Para Bebeto, muitos erros extracampo foram cometidos no mundial disputado na Itália: *"Os erros cometidos em 1990 não poderiam se repetir em 1994. A premiação, por exemplo. A gente tapou com as mãos o símbolo de um patrocinador"*.[8] Essa história, citada por Bebeto, é bem emblemática. Às vésperas da Copa de 1990, a CBF fechou um contrato milionário com uma marca de refrigerantes, mas os jogadores não receberam um centavo a mais por isso. Então, resolveram fazer um protesto para que a marca não fosse vista na foto oficial.

O goleiro Gilmar Rinaldi destaca que a seleção, depois daquele fracasso, conseguiu se unir de uma forma jamais vista: *"A gente conseguiu fazer com que os jogadores deixassem as vaidades e os triunfos pessoais e começassem a pensar no coletivo. E que se nós fôssemos campeões do mundo, seríamos lembrados pelo resto da vida, independente de ter jogado bem ou mal ou não jogado"*.[9]

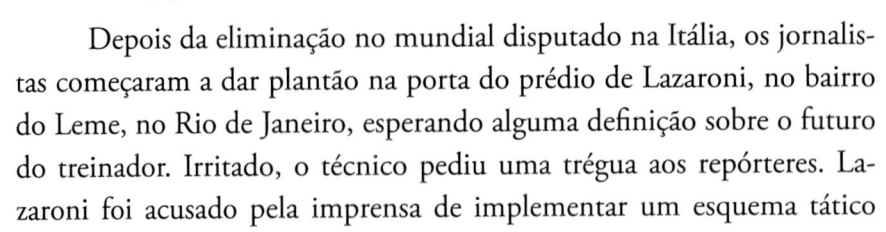

Depois da eliminação no mundial disputado na Itália, os jornalistas começaram a dar plantão na porta do prédio de Lazaroni, no bairro do Leme, no Rio de Janeiro, esperando alguma definição sobre o futuro do treinador. Irritado, o técnico pediu uma trégua aos repórteres. Lazaroni foi acusado pela imprensa de implementar um esquema tático

---

7. Depoimento ao autor em agosto de 2023.

8. Depoimento ao autor em agosto de 2023.

9. Depoimento ao autor em agosto de 2023.

europeu na seleção brasileira, com líbero. Em entrevista ao *Estadão*, o então diretor de futebol da CBF, Jorge Salgado, afirmou que o técnico brasileiro não poderia ser crucificado e até defendia a permanência dele no cargo. Entretanto, o treinador já estava de saída, pois tinha fechado um contrato com a Fiorentina, da Itália.

Em meio às desculpas e lamentações pela eliminação da Copa, as reportagens da época também davam destaque aos relatos feitos pelo lateral Branco de que sofreu tonturas durante o jogo contra a Argentina, depois de tomar água "batizada" fornecida por um massagista da equipe adversária. Até o médico da seleção, Mauro Pompeo, ficou surpreso com a história contada pelo atleta.

O *Jornal dos Sports*, na edição de 30 de junho de 1990, estampou na capa: *"Bebeto e Romário não jogam mais na seleção"*. A dupla, que faria sucesso quatro anos depois, estava chateada com o fracasso na Itália. Bebeto tinha sofrido uma contusão na coxa esquerda às vésperas da partida contra a Escócia e disparou: *"[...] Merecia melhor oportunidade, pois disputei uma ótima Copa América e tinha certeza absoluta de que seria titular na Copa. Não entendo por que o treinador insistiu em me manter na reserva [...]"*. Bebeto declarou que poderia rever a decisão desde que o filho dele, Roberto, na época com apenas oito meses de vida, insistisse, futuramente, para que o pai voltasse a jogar na seleção.

Em relação a Romário, o atleta foi para o mundial de 1990 praticamente sem nenhuma condição física. Em março daquele ano, ele sofreu uma fratura na perna direita durante um jogo pelo PSV, da Holanda. Apesar do processo de recuperação, o atleta jogou apenas um tempo da partida contra a Escócia. Ele também atacou Sebastião Lazaroni dizendo que o treinador optou por uma tática medrosa.

Os jornais, as rádios e as TVs especulavam sobre o nome do novo técnico da seleção brasileira. Entre os mais cotados estavam Telê Santana, Carlos Alberto Parreira, Zagallo, Zico e Paulo Roberto Falcão.

Quem iria assumir o desafio de comandar a seleção em um dos momentos mais turbulentos da história?

Coração e amor ao futebol: a vez de Paulo Roberto Falcão

O dia 16 de agosto de 1990, uma quinta-feira, amanheceu com a notícia de que torcedores palmeirenses tinham promovido uma depredação no Parque Antarctica. Portas, vidros e até troféus foram destruídos depois da eliminação da equipe no Campeonato Paulista. O Palmeiras estava na fila desde 1976 e o caso ilustra bem o momento tenso em que o futebol brasileiro vivia.

Naquele mesmo dia, a CBF finalmente acabou com as especulações e confirmou o nome do novo técnico. O ex-jogador Paulo Roberto Falcão, que integrou a grande equipe de 1982, aceitou o desafio. Aos 36 anos, ele era o mais jovem a assumir o comando da seleção brasileira. O *Jornal dos Sports* trazia em manchete: *"Falcão é o nosso supertreinador"*.

A apresentação aos jornalistas foi feita na sede da CBF, na Rua da Alfândega, no centro do Rio de Janeiro. *"[...] Ele [Falcão] chegou à CBF às 14h40 e, já empossado com plenos poderes – vai dirigir todas as seleções da CBF –, afirmou que está disposto a mudar a mentalidade do futebol brasileiro. Uma decisão está tomada: só convocará jogadores que atuam no Brasil para os próximos compromissos da seleção [...]"*, relatou o jornal *O Globo*. Falcão e o presidente da CBF, Ricardo Teixeira, haviam se reunido uma semana antes, em Buenos Aires, capital argentina, e bateram o martelo.

O nome de Falcão já era especulado e a imprensa não perdeu a chance de questioná-lo sobre a falta de experiência como treinador. O ex-atleta disparou: *"Podem me chamar de inexperiente, jamais de burro"*. Em depoimento para este livro, o ex-jogador repetiu a frase dita na época e destacou que, desde os tempos de atleta, já se preocupava com a questão tática: *"Sempre tive essa preocupação de conhecer o aspecto tático. Quando jogador, nos cinco, seis e sete minutos iniciais da partida, eu ficava observando o nosso time e se aquilo que o treinador tinha colocado para nós estava acontecendo. Quando eu fui para a Itália, em 80, aí sim eu tive um 'plus' absurdo, porque lá o futebol é extremamente tático. Eu já era um treinador em campo"*.[10]

---

10. Depoimento ao autor em agosto de 2023.

Fino, elegante e educado, Falcão marcou época no Internacional, de Porto Alegre, e na Roma, quando recebeu o apelido de "Rei de Roma". Ele não tinha experiência, é verdade, mas sempre foi muito transparente e humilde para aprender. O presidente da CBF amenizou a inexperiência do novo comandante: *"O fato de Falcão nunca ter sido treinador não quer dizer nada, porque já tivemos técnicos de muita experiência e perdemos"*.

O *Estadão* projetava a nova seleção brasileira: *"Um time veloz, sem líbero e com equilíbrio entre defesa e ataque. Assim será a seleção de Paulo Roberto Falcão"*. Os jornais especulavam que Neto, atacante em destaque no Corinthians, agora sim teria espaço na seleção. O camisa 10 era um dos cotados para participar da Copa de 1990, mas foi deixado de lado por Sebastião Lazaroni.

Tudo seria diferente. Nem tanto!

Paulo Roberto Falcão não conseguiu completar nem um ano à frente da seleção brasileira. Ele não suportou a pressão, questionamentos, ataques e o mau desempenho da equipe em amistosos e na Copa América de 1991. Apesar da breve passagem, o treinador deve ser exaltado pelas experiências que fez na seleção, dando oportunidade a novos jogadores, como Cafu, que jogaria as finais dos três mundiais seguintes, sendo o capitão do pentacampeonato em 2002.

Ainda no ano de 1990, a seleção disputou cinco partidas e não venceu nenhuma:

12.09.1990 – Brasil 0 x 3 Espanha – Gijón – amistoso
17.10.1990 – Brasil 0 x 0 Chile – Santiago – amistoso
31.10.1990 – Brasil 1 x 2 Seleção do Mundo – Milão – amistoso
08.01.1990 – Brasil 0 x 0 Chile – Belém – amistoso
13.12.1990 – Brasil 0 x 0 México – Los Angeles – amistoso

Na estreia de Falcão, a equipe brasileira perdeu para a Espanha por 3 a 0, em Gijón. A seleção nacional foi escalada assim: Velloso; Gil Baiano, Paulão, Márcio Santos e Nelsinho; Cafu (Paulo Egídio), Donizete Oliveira, Moacir e Neto; Charles (Jorginho) e Nílson. Já o confronto contra a Seleção do Mundo, em outubro de 1990, na Itália, marcou as comemorações pelos 50 anos do Rei Pelé. Foi uma noite nostálgica!

A torcida ficou emocionada ao ver o "Atleta do Século XX" vestir, depois de muitos anos, a camisa amarela. Falcão apostava na renovação da seleção brasileira: Sérgio (Ronaldo); Gil Baiano (Bismarck), Paulão, Adílson (Cléber) e Leonardo (Cássio); César Sampaio, Donizete Oliveira (Luís Henrique), Cafu e Pelé (Neto); Charles (Valdeir) e Rinaldo (Careca Bianchesi).

O grande teste para Falcão no comando do Brasil seria a Copa América, no Chile, em julho de 1991. Antes, a equipe fez cinco amistosos no primeiro semestre daquele ano, com destaque para a primeira vitória do treinador, diante da Romênia, mas as atenções estavam voltadas para dois duelos contra a Argentina, algoz do time brasileiro na Copa de 1990:

27.02.1991 – Brasil 1 x 1 Paraguai – Campo Grande (MS) – amistoso

27.03.1991 – Brasil 3 x 3 Argentina – Buenos Aires – amistoso

17.04.1991 – Brasil 1 x 0 Romênia – Londrina (PR) – amistoso

28.05.1991 – Brasil 3 x 0 Bulgária – Uberlândia (MG) – amistoso

27.06.1991 – Brasil 1 x 1 Argentina – Curitiba (PR) – amistoso

Em Buenos Aires, no acanhado estádio do Vélez Sarsfield, o duelo terminou empatado por 3 a 3 e a *Folha de S.Paulo* estampou na capa do caderno de esportes: *"Brasil empata no melhor jogo de Falcão"*. A equipe entrou em campo com Sérgio, Gil Baiano (Paulão), Ricardo Rocha, Wilson Gottardo e Leonardo; Mauro Silva, Cafu (Luiz Henrique e depois Dener), Donizete e Mazinho; Renato Gaúcho e Bebeto (Careca Bianchesi). Os gols brasileiros foram marcados por Renato Gaúcho, Luiz Henrique e Careca. A Argentina, treinada por Alfio Basile, estava sem Caniggia e Maradona.

Já no outro empate, no Estádio Pinheirão, no Paraná, quando a seleção já tinha sido convocada para a Copa América, Caniggia retornou à equipe argentina e abriu o placar. Neto, do Corinthians, deixou tudo igual em cobrança de pênalti contra o goleiro Goycochea. O empate no último jogo antes da estreia na Copa América gerou críticas à equipe.

Copa América: primeiro e único grande teste de Falcão

Falcão anunciou a lista de convocados em 10 de junho e teria quase um mês para trabalhar com o grupo até a estreia diante da Bolívia, algo incomum nos dias de hoje, com o calendário cada vez mais "espremido". Depois de muita especulação sobre os nomes, a *Folha de S.Paulo* detalhou: *"A seleção brasileira convocada ontem pelo técnico Falcão para a disputa da Copa América, em julho, no Chile, tem como única novidade Raí, do São Paulo, ausente nas outras convocações. A CBF instituiu um código disciplinar para os jogadores"*. Já *O Globo* chamava a seleção de *"sem dinheiro"*, ao explicar que um patrocinador só repassaria recursos aos jogadores no fim daquele ano.

Paulo Roberto Falcão abriu portas para novos jogadores
(*Gazeta Press*/Acervo)

Dos vinte e dois convocados inicialmente para a Copa América, dez estariam no mundial de 1994: Taffarel, Mazinho, Cafu, Ricardo Rocha, Márcio Santos, Branco, Leonardo, Mauro Silva, Raí e Bebeto. Entretanto, Bebeto, na época atacante do Vasco, não foi ao Chile e justificou que Falcão não deu certeza de que ele seria titular. A história é curiosa porque o jogador só tinha sido convocado depois da recusa de Romário em vestir a camisa da seleção na Copa América. O "Baixinho" alegou que estava cansado e recebeu críticas até do então presidente da República, Fernando Collor de Mello, por não servir à seleção. O colunista Zózimo Barroso do Amaral, do *Jornal do Brasil*, revelou que o presidente ficou indignado com a opção feita pelo jogador de tirar férias na Europa e não disputar a Copa América. Segundo Collor, faltou ao craque "emoção". Em meio à celeuma, o escolhido para a vaga de Bebeto, que inicialmente seria de Romário, foi Silvio, do Bragantino.

A Copa América, no Chile, foi disputada por dez seleções, divididas em dois grupos de cinco. A equipe brasileira fez uma primeira fase irregular e por pouco não se classificou para o quadrangular final. A Colômbia terminou a chave na liderança e o time de Falcão ficou em segundo lugar:

09.07.1991 – Brasil 2 x 1 Bolívia – Viña del Mar

11.07.1991 – Brasil 1 x 1 Uruguai – Viña del Mar

13.07.1991 – Brasil 0 x 2 Colômbia – Viña del Mar

15.07.1991 – Brasil 3 x 1 Equador – Viña del Mar

Os momentos finais da partida contra o Equador foram dramáticos. Luís Henrique, jogador do Bahia, marcou o terceiro gol aos 44 minutos da etapa final. No lance seguinte, um atleta adversário cabeceou e a bola caprichosamente bateu na trave. Apesar do susto, a classificação estava garantida. Na segunda fase, a seleção perdeu para a Argentina e, apesar da vitória diante de Colômbia e Chile, o título ficou com os argentinos.

17.07.1991 – Brasil 2 x 3 Argentina – Santiago

19.07.1991 – Brasil 2 x 0 Colômbia – Santiago

21.07.1991 – Brasil 2 x 0 Chile – Santiago

A seleção brasileira terminou a Copa América em segundo lugar. Depois da vitória diante dos donos da casa, Falcão foi vaiado pela torcida ao deixar o gramado, mas declarou que a meta dele era o tetracampeonato em 1994. No entanto, um mês depois, ele foi demitido do cargo, conforme relato da *Folha de S.Paulo* na edição de 21 de agosto: *"O ex-jogador Paulo Roberto Falcão foi demitido ontem de manhã, por telefone, do cargo de treinador da seleção brasileira de futebol. [...] Teixeira [presidente da CBF, Ricardo Teixeira] decidiu demitir Falcão ainda durante a Copa América, em julho. A demissão só não foi anunciada antes porque Jorge Salgado [diretor de seleções da CBF e quem deu a notícia da demissão por telefone a Falcão], admirador do trabalho do técnico, ameaçava deixar o cargo se Falcão caísse [...]"*. Falcão estava em um escritório em Porto Alegre quando recebeu a notícia e deixou o local dentro do porta malas de um carro para despistar a imprensa.

O trabalho da CBF voltava à estaca zero.

Ao fazer um balanço sobre a experiência na seleção, Paulo Roberto Falcão sempre adotou a modéstia sobre o peso da renovação que ele comandou para a conquista do tetra: *"Eu não saberia te dimensionar o tamanho ou o peso disso, mas eu fiquei muito feliz de ver, depois de 1994, alguns jogadores que eu dei chance serem campeões do mundo com Parreira. Eu gostei muito que o Parreira reconheceu que o trabalho feito foi de laboratório."*[11]

Falcão citou atletas como Mauro Silva, Cafu e Leonardo. Aliás, Mauro Silva rasgou elogios: *"Falcão fez uma renovação muito intensa, muito profunda, tanto que talvez a renovação tenha sido tão intensa que ele*

---

11. Depoimento ao autor em agosto de 2023.

não conseguiu continuar no cargo".¹² O ex-jogador estava no Bragantino quando foi convocado pela primeira vez. Apesar de ser médio-volante, Mauro Silva chegou a fazer, durante as partidas da Copa, a função de um terceiro zagueiro, liberando os laterais para o ataque e protegendo a retaguarda brasileira. Outro ex-atleta que deve a Falcão as primeiras chances com a camisa amarela é Cafu: *"De 90 para 94, a seleção foi muito criticada. [...] O Falcão fez certo ao mesclar jogadores experientes com os mais novos, e eu acho que isso fez com que nós tivéssemos uma oportunidade. [...] Pena que o professor Falcão não teve um tempo maior na seleção brasileira"*.¹³

Outro ex-atleta que guarda com carinho a experiência ao lado de Falcão é Márcio Santos: *"O Falcão teve uma participação muito grande na minha vida. Um mês antes da Copa de 1990, eu já jogava na seleção de novos e consegui já ser destaque. Quando ele assumiu a seleção brasileira, eu vinha muito bem pelo Novorizontino. As coisas sempre aconteceram muito rápido para mim e disputei aquela famosa final caipira entre Bragantino e Novorizontino. O Falcão foi assistir aos dois jogos. Eu fui convocado jogando pelo Novorizontino. Sou o único jogador da CBF a atuar com a camisa da seleção por oito clubes consecutivos, do Novorizontino até o São Paulo em 1998"*.¹⁴

O mais cotado para a vaga de Falcão era Carlos Alberto Parreira, chamado de "teórico" pela imprensa. Ainda em 1990, depois da eliminação do Brasil na Itália, Parreira declarou o seguinte: *"A única coisa que salva a nossa seleção é uma revolução"*. Ao falar sobre o trabalho deixado por Falcão, o técnico é taxativo: *"Ele deixou um legado, deixou um trabalho. O Mauro Silva, por exemplo, é um jogador que o Falcão investiu. Eu gostava dele e, por acaso, tinha trabalhado com ele no Bragantino. É claro que ele deixou um legado que a gente aproveitou"*.¹⁵

Parreira era cotado, é verdade, mas a CBF estava perdida e anunciou para 11 de setembro daquele ano um amistoso da seleção diante do

---

12. Depoimento ao autor em agosto de 2023.

13. Depoimento ao autor em agosto de 2023.

14. Depoimento ao autor em agosto de 2023.

15. Depoimento ao autor em agosto de 2023.

País de Gales, em Cardiff, sob o comando do interino Ernesto Paulo. Foi uma tragédia:

11.09.1991 – Brasil 0 x 1 País de Gales – Cardiff – amistoso

A seleção nunca tinha perdido para o País de Gales[16] e aquele resultado gerou uma nova chuva de ataques contra a CBF. Ernesto Paulo escalou o Brasil assim: Taffarel; Cafu (Cássio), Cléber, Márcio Santos e Jorginho; Moacir (Valdeir), Mauro Silva e Geovani (Mazinho); Bebeto, Careca e João Paulo. O País de Gales estava sem cinco titulares e Taffarel foi acusado pela crônica de falhar no único gol do jogo. Aliás, o arqueiro brasileiro passou a transição 1990-1994 sendo muito questionado. O atleta defendia as cores do Parma, da Itália, mas era reserva. Mesmo com falta de ritmo, Taffarel continuou sendo convocado para a seleção. Já em 1993, ele foi emprestado para o Reggiana.

Depois da derrota, Ernesto Paulo foi descartado para continuar treinando a seleção brasileira, mas permaneceu trabalhando na CBF e comandou o Brasil no Pré-Olímpico de 1992, quando a equipe nacional não conseguiu se classificar para os Jogos de Barcelona.

Enquanto isso, a imprensa e a torcida se perguntavam: quem seria o próximo técnico? Reinava a incerteza!

O "teórico" e o "velho lobo": escolhida a dupla do tetra

O carioca Carlos Alberto Gomes Parreira já vinha sendo cotado para o comando da seleção, mas a possibilidade desagradava a crônica esportiva, que o rotulava de "teórico do futebol". Em 1970, foi preparador físico do Brasil na conquista do tricampeonato, no México. Já como técnico, treinou o Fluminense na segunda metade da década de setenta. Na Copa de 1982, Parreira comandou o Kuwait. No ano seguinte, teve sua primeira passagem pela seleção brasileira durante a Copa América.

---

16. Na Copa de 1958, na Suécia, em jogo válido pelas quartas de final, a seleção brasileira venceu o País de Gales por 1 a 0, gol de Pelé, o primeiro do Rei na história dos mundiais.

Entretanto, perdeu a decisão para o Uruguai e deixou o cargo. Em 1984 foi campeão brasileiro pelo Fluminense e, em seguida, rodou o mundo árabe. Em 1990, na Itália, esteve à frente dos Emirados Árabes Unidos. Na volta ao Brasil, comandou o Bragantino, do interior de São Paulo, que vivia uma era dourada no início daquela década.

Depois de muita especulação, notícias de bastidores e furos de reportagem, o presidente da CBF, Ricardo Teixeira, não tinha mais como esconder o nome do novo treinador da seleção brasileira e confirmou, em 25 de setembro de 1991, que Carlos Alberto Parreira assumiria o "projeto tetra". Para aceitar o cargo, o técnico pediu total autonomia e queria continuar no Bragantino até o fim daquele ano. No entanto, por causa do cronograma de trabalho, ele acabou antecipando sua saída da equipe do interior paulista. O técnico também defendia a convocação de jogadores que atuavam no exterior.[17] Dentre os cinco técnicos brasileiros campeões do mundo (1958, 1962, 1970, 1994 e 2002), Parreira é o que teve mais tempo para trabalhar até a Copa.[18]

Aos 48 anos, uma das exigências de Carlos Alberto Parreira foi ter como braço direito Mário Jorge Lobo Zagallo[19], uma espécie de guru e conselheiro. A dupla só não podia ser acusada de inexperiente, ao contrário de Falcão. O "velho lobo" era tricampeão com a seleção: em 1958 e 1962, como jogador, e em 1970, como técnico. No papel, Zagallo assumiria a função de coordenador técnico.

---

17. Hoje a maioria dos craques da seleção atua no exterior, mas, no início dos anos 90, ainda havia um certo equilíbrio em relação aos que trabalhavam no Brasil.

18. Feola, campeão em 1958, assumiu o cargo em fevereiro daquele ano; Zezé Moreira, técnico do bi, em 1962, começou a trabalhar em março de 1961; Zagallo, em 1970, substituiu Saldanha a 78 dias da estreia e Felipão, comandante no penta, em 2002, foi indicado ao cargo no ano anterior.

19. Zagallo tinha completado 60 anos em agosto daquele ano de 1991.

Zagallo e Parreira comemoram o tricampeonato em 1970
(*Última Hora*/Arquivo Público do Estado de São Paulo)

Já Telê Santana[20], do São Paulo, um dos nomes sempre cotados para assumir a seleção, preferiu analisar a escolha com indiferença: *"Estava mais ou menos clara essa decisão. [...] Não havia mesmo muitas opções. [...] Mas eu já me considerava carta fora do baralho por absoluta incompatibilidade de métodos e opiniões. Vamos torcer para que a CBF dê condições e autonomia para o Parreira"*, declarou ao *Estadão*. Telê tinha fama de pé-frio até ganhar tudo com o São Paulo a partir de 1991 (Paulista, Brasileiro e o bi da Libertadores e do Mundial de Clubes).

Durante todo o período de preparação da seleção brasileira até a Copa, nos Estados Unidos, nos momentos mais difíceis, já sob o comando de Parreira, torcedores e a imprensa cobravam a substituição do treinador por Telê Santana ou Vanderlei Luxemburgo, principalmente pelo trabalho deste no Palmeiras, em 1993 e 1994.

---

20. Telê treinou a seleção brasileira nas Copas de 1982 e 1986.

A dupla Parreira e Zagallo: amizade de décadas
(*Gazeta Press*/Acervo)

Para fechar o turbulento ano de 1991, Parreira comandou a seleção em dois amistosos e o aproveitamento foi total:

30.10.1991 – Brasil 3 x 1 Iugoslávia – Varginha (MG) – amistoso

18.12.1991 – Brasil 2 x 1 Tchecoslováquia – Goiânia (GO) – amistoso

A seleção apresentou um bom futebol nas duas partidas, com tabelinhas, toque de bola e criatividade. Contra a Iugoslávia, os gols foram marcados por Luís Henrique, Raí e Müller. Os desempenhos de

Elivélton e Bebeto também foram elogiados. Diante da Tchecoslováquia, Elivélton marcou um golaço, ao driblar dois adversários, invadir a área e chutar na saída do goleiro. Na etapa final, Valdeir sofreu pênalti e a cobrança foi convertida por Raí. Um bom começo da dupla Parreira e Zagallo. Nos dois jogos, o goleiro da seleção foi Carlos.[21]

Já o ano de 1992 foi marcado por amistosos e pela ausência de competições importantes. Como já foi citado, no Pré-Olímpico a seleção brasileira, comandada por Ernesto Paulo, foi mal e ficou fora dos Jogos de Barcelona. No primeiro semestre, a equipe principal entrou em campo cinco vezes, venceu quatro partidas e perdeu para o Uruguai, em Montevidéu.

26.02.1992 – Brasil 3 x 0 EUA – Fortaleza (CE) – amistoso

15.04.1992 – Brasil 3 x 1 Finlândia – Cuiabá (MT) – amistoso

30.04.1992 – Brasil 0 x 1 Uruguai – Montevidéu – amistoso

17.05.1992 – Brasil 1 x 1 Inglaterra – Londres – amistoso

19.05.1992 – Brasil 1 x 0 Milan – Milão – amistoso

Sem competições importantes, Parreira reclamava do calendário e do pouco tempo para treinar a seleção. Ele aproveitava os amistosos para testar jogadores, como o lateral Charles Guerreiro. A derrota para o Uruguai, em Montevidéu, foi a primeira sob o novo comando. A equipe, que enfrentou um adversário com desfalques, entrou em campo com Carlos; Luiz Carlos Winck, Célio Silva, Márcio Santos e Roberto Carlos; Mauro Silva, Júnior (César Sampaio) e Zinho; Renato Gaúcho (Valdeir), Bebeto (Nílson) e Paulo Sérgio.

Contra a Inglaterra, Bebeto foi um dos destaques e o goleiro Carlos pegou um pênalti cobrado por Lineker, mas Parreira também insistia em convocar velhos conhecidos da torcida, como Careca, autor do gol

---

21. Carlos Roberto Gallo teve destaque na Ponte Preta, no Corinthians, no Atlético-MG, no Palmeiras e no Guarani. Foi titular na Copa de 1986.

contra o Milan, e Júnior[22], um dos maiores ídolos da história do Flamengo e que disputou as Copas de 1982 e 1986.

No segundo semestre do ano, a seleção conquistou a Copa da Amizade, nos Estados Unidos, venceu amistosos contra a França e Alemanha e voltou a perder para o Uruguai:

31.07.1992 – Brasil 5 x 0 México – Los Angeles – Copa da Amizade

02.08.1992 – Brasil 1 x 0 EUA – Los Angeles – Copa da Amizade

26.08.1992 – Brasil 2 x 0 França – Paris – amistoso

23.09.1992 – Brasil 4 x 2 Costa Rica – Paranavaí (PR) – amistoso

25.11.1992 – Brasil 1 x 2 Uruguai – Campina Grande (PB) – amistoso

16.12.1992 – Brasil 3 x 1 Alemanha – Porto Alegre (RS) – amistoso

Contra os Estados Unidos, o gol do título foi marcado por Bebeto. Parreira continuava fazendo testes e utilizando jogadores como Palhinha e Edmundo. Diante da França, em Paris, uma vitória maiúscula: Raí e Luís Henrique balançaram as redes. Naquele ano, o Brasil perdeu, de novo, para o Uruguai, agora em casa, o que não acontecia havia 42 anos. Pelo menos, naquele dia, em Campina Grande, a CBF teve a hombridade de homenagear jogadores vice-campeões mundiais em 1950, como Barbosa, Noronha, Bauer, Ademir de Menezes e Baltazar. Para fechar 1992, a equipe de Parreira venceu a Alemanha, atual campeã mundial, no Beira-Rio, em Porto Alegre, por 3 a 1.

Foi na preparação para esse jogo que surgiu um grande desentendimento entre Romário e a comissão técnica. O *Jornal dos Sports* relata que Romário reclamou à imprensa porque ficaria no banco de reservas. Parreira e Zagallo o chamaram para uma conversa e o atacante confir-

---

22. Em 1994, Júnior foi olheiro da seleção brasileira, cuja função era passar informações ao técnico Parreira.

mou as críticas. A partir daí, a comissão técnica assumiu o risco de não convocar mais Romário.

O ano de 1993 foi decisivo para as pretensões nacionais de voltar ao topo do mundo, com torneios importantes como a Copa América, a US Cup e, claro, as eliminatórias para a Copa do Mundo.

1993: turbulências, críticas e ataques à seleção

O ano que antecedeu a conquista do tetracampeonato, nos Estados Unidos, deve ser considerado um dos mais turbulentos da história da seleção brasileira. O técnico Carlos Alberto Parreira entrou em rota de colisão com a imprensa. Nos estádios, a torcida adaptou a música *"Chama o Síndico"*, de Jorge Ben Jor, para pedir a volta de Telê Santana ao comando do Brasil: *"O tal do Valdeir foi um horror. Cadê a tabelinha, Raí? Desse jeito o Brasil não vai para a Copa, e a torcida pediu: Telê Santana, Telê Santana, Telê Santana!"*

Trio da seleção: Zagallo, Parreira e o preparador Moraci Sant'Anna, à direita
(*Gazeta Press*/Acervo)

Nos dois primeiros compromissos do ano, empate nos amistosos contra a Argentina e a Polônia:

18.02.1993 – Brasil 1 x 1 Argentina – Buenos Aires – amistoso

17.03.1993 – Brasil 2 x 2 Polônia – Ribeirão Preto (SP) – amistoso

A equipe nacional não jogou bem contra os argentinos, que tinham Maradona, mas mesmo assim conseguiu a igualdade no marcador. Mancuso e Luís Henrique marcaram os gols. Quase um mês depois, um novo empate, agora dentro de casa, com a Polônia, frustrou a torcida.

Em junho, a seleção brasileira participou da US Cup, nos Estados Unidos, uma espécie de Copa das Confederações da época, evento teste para o mundial do ano seguinte. O time de Parreira venceu os donos da casa, mas empatou com Alemanha e Inglaterra e não ficou com o título.

06.06.1993 – Brasil 2 x 0 EUA – New Haven – US Cup

10.06.1993 – Brasil 3 x 3 Alemanha – Washington – US Cup

13.06.1993 – Brasil 1 x 1 Inglaterra – Washington – US Cup

Diante da Alemanha, a equipe brasileira fez 3 a 0 no primeiro tempo, gols de Luisinho (2) e Careca, mas, na etapa final, cedeu o empate. Klinsmann, duas vezes, e Möeller deixaram tudo igual: uma decepção diante dos campeões do mundo da época. A imprensa considerou que o treinador brasileiro perdeu o controle do time, pois não conseguiu que os atletas segurassem o resultado. Depois de um novo placar igual contra a Inglaterra, o Brasil viajou para o Equador para a disputa da Copa América que marcou o bicampeonato da Argentina:

18.06.1993 – Brasil 0 x 0 Peru – Cuenca – Copa América

21.06.1993 – Brasil 2 x 3 Chile – Cuenca – Copa América

24.06.1993 – Brasil 3 x 0 Paraguai – Cuenca – Copa América

27.06.1993 – Brasil 1 x 1 Argentina (5 x 6 - pênaltis) – Guaiaquil – Copa América

A seleção, irregular na primeira fase, não teve tempo suficiente para se adaptar à altitude de Cuenca (2.335 metros acima do nível do mar). Contra o Peru, na estreia, a equipe atuou com cinco atletas do São Paulo e quatro do Palmeiras. Zinho e Boiadeiro entraram no segundo tempo nos lugares de Luizinho e Edmundo. Parreira fazia rodízio de goleiros: Taffarel jogou a primeira partida; Carlos, a segunda, e Zetti, a terceira, e este foi mantido para as quartas de final. A derrota para o Chile desencadeou uma nova chuva de críticas contra a seleção brasileira. A classificação para as quartas de final veio com a vitória diante do Paraguai, com destaque para a atuação de Palhinha.

Contra a Argentina, já pelo mata-mata, a equipe brasileira fez um bom primeiro tempo e saiu à frente com gol de Müller. Na etapa final, Rodríguez empatou de cabeça. O duelo só foi decidido na disputa por pênaltis. O chute de Marco Antônio Boiadeiro esbarrou nas mãos de Goycochea. A edição de *O Globo* do dia seguinte à eliminação da Copa América estampou uma foto do camisa 8 do Brasil desperdiçando a cobrança. O jogador deixou o gramado aos prantos. A derrota foi um prato cheio para a imprensa atacar a dupla Parreira e Zagallo.[23] O *Jornal dos Sports* apelou para a ironia: *"Parreira acha a eliminação normal"*.

Para as eliminatórias, a seleção foi convocada no dia 30 de junho. A lista desagradou mais uma vez os cariocas. O mesmo *Jornal dos Sports* destacou: *"Parreira esquece o Rio na hora de convocar a seleção"*. No total, foram oito atletas de São Paulo e catorze que atuavam no exterior. Pelas reportagens, é possível perceber que havia muito bairrismo e os jornais do Rio de Janeiro carregavam nas tintas.

Sobre o período de preparação, o técnico brasileiro argumentou: *"Quinze dias de treinamento não são ideais, mas é o que eu tenho"*. O tra-

---

23. A Argentina venceu o México por 2 a 1 na final e conquistou a Copa América de 1993.

balho principal da comissão técnica foi feito em Teresópolis. Da lista, a metade disputou a Copa de 1990. Abaixo, a relação dos convocados para o desafio das eliminatórias:

Goleiros: Taffarel (Parma) e Zetti (São Paulo)

Laterais: Jorginho (Bayern de Munique), Cafu (São Paulo), Branco (Genoa) e Leonardo (Valencia)

Zagueiros: Mozer (Benfica), Ricardo Gomes (Paris Saint Germain), Ricardo Rocha (Real Madrid) e Válber (São Paulo)

Meio de campo: Dunga (Pescara), Mauro Silva (La Coruña), Raí (Paris Saint Germain), Palhinha (São Paulo) e Zinho (Palmeiras)

Atacantes: Bebeto (La Coruña), Careca (Hitachi), Elivélton (São Paulo), Evair (Palmeiras), Luís Henrique (Monaco), Müller (São Paulo) e Valdo (Paris Saint Germain)

Além das críticas em relação à ausência de jogadores do Rio, a imprensa de São Paulo lamentou a não convocação de Edmundo, do Palmeiras. Por outro lado, Dunga estava longe de ser unanimidade na lista. O jogador, que não começou as eliminatórias como titular, não só ganhou posição, como se tornou, durante a Copa do Mundo, o capitão da equipe e homem de confiança da dupla Parreira–Zagallo.

Em amistoso no dia 14 de julho de 1993, a quatro dias da estreia, a seleção venceu o Paraguai, em São Januário, no Rio de Janeiro, com gols de Branco e Bebeto. A torcida local chamou Parreira de burro pela não convocação de nenhum jogador do Rio de Janeiro. O clima não era bom e iria piorar.

Foi nesse jogo em que o técnico Carlos Alberto Parreira bateu o martelo e definiu que que Taffarel seria titular da seleção. Já o reserva Zetti admitiu que, apesar de respeitar a decisão, achava que, na época, estava em melhores condições e esperava ser escalado para começar jogando as eliminatórias. Em um depoimento muito franco para este livro, Zetti relembra que vivia o auge da carreira, entre 1991 e 1993, com inúmeros títulos pelo São Paulo. *"Eu não fiquei satisfeito [com a reserva], mas aceitei e me coloquei à disposição para tudo que precisasse ser feito. Deixei claro que estava lá para ajudar e cooperar"*, relata Zetti. Ele é taxativo: *"Com Taffarel, com Zetti ou Gilmar, a seleção seria campeã da mesma maneira"*.[24]

Ao contrário do formato atual, em que as eliminatórias são disputadas no sistema de pontos corridos, todos contra todos, em 1993 as seleções da América do Sul foram divididas em dois grupos. Lembrando que o Chile estava banido pela FIFA por causa do incidente envolvendo o goleiro Rojas, em 1989.[25]

Grupo A: Argentina, Colômbia, Paraguai e Peru

Grupo B: Brasil, Uruguai, Bolívia, Equador e Venezuela

No Grupo A, a seleção que ficasse em primeiro lugar estaria classificada automaticamente para a Copa. A equipe que chegasse em segundo iria disputar uma repescagem contra um representante da Oceania. A Colômbia, que tinha uma geração de ouro (veja mais no próximo capítulo), surpreendeu a Argentina com uma vitória por 5 a 0, em Buenos Aires, e terminou na liderança. Apesar do vexame, os argentinos derrotaram a Austrália na repescagem e garantiram vaga no mundial.

Já no Grupo B, o regulamento previa a classificação das duas primeiras seleções: o Brasil ficou em primeiro e a Bolívia na segunda posição. A equipe nacional jogou as quatro primeiras partidas fora de casa, mas fez um amistoso contra o México, antes do primeiro duelo contra o Uruguai:

---

24. Depoimento ao autor em setembro de 2023.

25. Em jogo contra a seleção brasileira pelas eliminatórias da Copa de 1990, Rojas simulou ter se machucado depois que um sinalizador atingiu o gramado do Maracanã. A farsa foi descoberta e o Chile acabou banido da Copa nos Estados Unidos.

18.07.1993 – Brasil 0 x 0 Equador – Guayaquil – Eliminatórias

25.07.1993 – Brasil 0 x 2 Bolívia – La Paz – Eliminatórias

01.08.1993 – Brasil 5 x 1 Venezuela – San Cristóbal – Eliminatórias

08.08.1993 – Brasil 1 x 1 México – Maceió (AL) – amistoso

15.08.1993 – Brasil 1 x 1 Uruguai – Montevidéu – Eliminatórias

A equipe comandada por Carlos Alberto Parreira decepcionou na estreia ao apenas empatar sem gols com o Equador. No primeiro tempo, a seleção até que foi bem, mas na etapa final deixou ser dominada pelo adversário. Careca colocou duas bolas na trave. O time entrou em campo com: Taffarel; Jorginho, Márcio Santos, Válber e Branco; Mauro Silva, Luís Henrique (Dunga), Zinho e Raí; Bebeto e Careca. A *Folha de S.Paulo* foi taxativa: *"Parreira põe até Dunga para segurar o 0 a 0 na estreia contra o Equador"*. O *Jornal dos Sports* atacou: *"Brasil foi covarde e preferiu segurar o 0 a 0 com o Equador. Pior é que Parreira achou boa a estreia nas eliminatórias"*.

No segundo jogo, em La Paz, a seleção brasileira sofreu a primeira derrota na história das eliminatórias, invencibilidade que já durava quarenta anos. Antes da partida, a imprensa só falava da altitude da capital boliviana e alertava que os jogadores poderiam não ter fôlego para acompanhar a rapidez da equipe da casa.

A seleção entrou em campo com algumas alterações em relação à estreia: Taffarel; Cafu, Márcio Santos, Válber e Leonardo; Mauro Silva, Luís Henrique (Jorginho), Zinho e Raí (Palhinha); Bebeto e Müller. O goleiro brasileiro defendeu um pênalti e o jogo continuou empatado até os 43 minutos do segundo tempo, quando Etcheverry cruzou rasteiro, da esquerda, Taffarel tentou fazer a defesa, mas a bola bateu no calcanhar dele e entrou. O camisa 1 do Brasil foi execrado por causa da jogada. Aos 44 minutos, Peña invadiu a área e marcou o segundo gol.

A derrota por dois a zero representou um dos momentos mais difíceis da seleção na caminhada rumo ao tetra: um prato cheio para a imprensa atacar Parreira, Zagallo, a comissão técnica, a CBF e jogadores como Careca e Zinho. Parreira admitiu: *"Não estou tranquilo. Agora, a responsabilidade aumentou para todo mundo"*. Os críticos da seleção alertavam para a real possibilidade da equipe não se classificar para a Copa do Mundo, algo que seria inédito.

As manchetes dos jornais davam o tom: *"Vexame do Brasil em La Paz: Bolívia 2 a 0"* (O Globo), *"Brasil perde invencibilidade de 40 anos em eliminatórias"* (Folha de S.Paulo) e *"Desastre – a seleção de Parreira e Zagallo fez o Brasil inteiro passar vergonha [...]"* (Jornal dos Sports). Para piorar a situação, o goleiro reserva Zetti foi pego no *antidoping* com vestígios de cocaína na urina. O jogador tinha consumido um chá de coca no hotel onde a seleção estava hospedada. A bebida não era proibida no país e o atleta, corretamente, não foi punido.

O camisa 10 da seleção, Raí, afirma que a partir daquela derrota inédita nas eliminatórias começou um estigma de desconfiança em relação à equipe. *"Teve uma repercussão muito dura e começavam ali uma desconfiança e uma campanha contra o Parreira, ao estilo de jogo, sendo que a proposta inicial dele era jogar com uma equipe mais ofensiva. Acho que a pressão e a desconfiança da opinião pública fizeram com que o grupo fosse se adaptando a uma realidade de jogo do Parreira"*, analisa. Na avaliação de Raí, a primeira metade da década de noventa foi marcada pelo futebol pragmático de clubes e seleções que vinham obtendo bons resultados, sendo que com o Brasil não foi diferente. Para o ex-jogador do São Paulo e do PSG, era muito mais importante vencer, naquele momento, correndo menos riscos, do que apresentar um futebol bonito. Raí lembra que hoje as eliminatórias na América do Sul são jogadas no formato de pontos corridos, ao contrário de 1993: *"Nós ficamos dois meses concentrados, como se estivéssemos já em uma Copa do Mundo. Isso trouxe um cansaço emocional gigantesco"*.[26]

O zagueiro Ricardo Rocha endossa a avaliação: *"A gente ficava muito mais tempo preso, foi uma lição, foi muito bom para a gente se entrosar e conhecer mais o grupo. Como o Raí falou, eu acho que todos ali unidos,*

---

26. Depoimento ao autor em agosto de 2023.

sofrendo quando a gente perdia e alegres quando a gente ganhava, eu acho que aquilo tudo fortaleceu o grupo".[27]

O meia Zinho acredita que a partir daquele início ruim na competição, o grupo foi se fortalecendo: *"A força do nosso grupo veio nas eliminatórias. O nosso time se fechou e se uniu em meio a muita cobrança e muita desconfiança. A gente empatou com o Equador, perdeu para a Bolívia, mas o grupo se fortaleceu e isso foi fundamental. Todo mundo comprou a ideia tática e, com o talento, a qualidade e a experiência, deu no que deu. O tetra veio para a gente. Somos todos amigos para sempre"*.[28]

Acusado de falhar no primeiro gol boliviano, Taffarel considera aquela partida um ponto de mudança para a seleção: *"Acho que foi a partida que deu o estalo. Eu fui bastante criticado pela derrota por causa do gol que eu sofri, praticamente da linha de fundo. Aquilo realmente foi um acidente, mas foi uma falha muito grande. Eu acho que o grupo todo sentiu essa derrota e que a partir dali muita coisa teria que ser mudada, né? [...] Eu acho que a gente criou uma casca muito grande naquele momento. O grupo tinha que vencer no coletivo, não no individual. Então, acho que essa foi a grande vitória que a gente obteve"*.[29]

---

27. Depoimento ao autor em agosto de 2023.

28. Depoimento ao autor em agosto de 2023.

29. Depoimento ao autor em agosto de 2023.

Capa de *A Gazeta Esportiva* depois da derrota para a Bolívia
(*Gazeta Press*/Acervo)

Na terceira partida, contra a Venezuela, em San Cristóbal, a equipe nacional finalmente venceu, mas não convenceu, apesar da goleada: 5 a 1, gols de Raí (pênalti), Bebeto (2), Branco e Palhinha. A imprensa continuou atacando a seleção ao lembrar que jamais o Brasil tinha sofrido um gol dos venezuelanos em partidas das eliminatórias. A escalação de Parreira foi a seguinte: Taffarel; Jorginho, Ricardo Rocha, Márcio Santos e Branco; Mauro Silva, Dunga, Raí (Palhinha) e Elivélton; Bebeto e Careca. A partida é simbólica, pois Dunga virou titular da equipe e seria o início da parceria dele com Mauro Silva.

A seleção aproveitou a folga no calendário para jogar um amistoso contra o México, em Maceió. A equipe até que fez um bom primeiro tempo, mas caiu de produção com mudanças promovidas pelo treinador: Palhinha e Elivélton foram substituídos por Valdo e Valdeir. Márcio Santos marcou o gol do Brasil, de cabeça, aos três minutos do segundo tempo. O empate saiu em uma cobrança de pênalti de García Aspe. A seleção foi vaiada e a torcida gritou o nome de Telê Santana.

Depois da partida, a imprensa começou a especular que Parreira poderia pedir demissão do cargo. Jogadores relatam que a madrugada e a manhã do dia nove de agosto de 1993 foram decisivas para o futuro da seleção brasileira. Bebeto, Dunga, Ricardo Rocha e Raí[30] esperaram o técnico da seleção acordar para interpelá-lo e fazer uma espécie de "pacto pelo tetra". *"O Parreira tinha pedido para sair. As pressões começaram a invadir o lado pessoal dele. Aí, houve uma conversa, houve um pacto entre todo mundo. O Parreira aceitou continuar e fomos muito focados e fechados para a sequência do trabalho"*, descreve Zetti.[31]

O zagueiro Ronaldão afirma que a união cada vez mais forte do grupo ajudou a enfrentar as turbulências: *"A gente se fechou, uniu-se e ficamos blindados contra as críticas que vinham em cima daquele grupo. Então, aquela união, a maturidade, a experiência e o controle emocional de todos foram fundamentais para suportar tudo aquilo"*.[32] Naquele momen-

---

30. Contra o México, Raí não vestiu a camisa com número 10, mas sim o 7, por determinação de Parreira.

31. Depoimento ao autor em setembro de 2023.

32. Depoimento ao autor em outubro de 2023.

to, o *Datafolha* indicava que somente 21% dos torcedores apoiavam o treinador.

De volta às eliminatórias, no fim de semana seguinte, no Centenário, em Montevidéu, mais um tropeço: 1 a 1 diante do Uruguai, no duelo chamado pela imprensa de "guerra dos desesperados". A seleção abriu o placar com Raí depois de uma jogada confusa dentro da área, e Fonseca deixou tudo igual após uma falha do zagueiro Antônio Carlos, que tinha entrado no lugar de Bebeto.

Os escalados foram: Taffarel; Jorginho, Ricardo Rocha, Márcio Santos e Branco; Mauro Silva, Dunga, Raí e Zinho; Bebeto (Antônio Carlos) e Müller. A *Folha de S.Paulo* fazia um alerta ao destacar que as chances do Brasil se classificar para a Copa eram de 33%. O treinador foi vaiado mais uma vez e torcedores estenderam uma faixa nas arquibancadas: *"Parreira, Zagallo e Teixeira burros"*. Apesar do jogo tenso, nervoso e violento, o empate não foi mau resultado, pois, na sequência, o Brasil faria quatro partidas em casa. A seleção literalmente driblou o pessimismo:

22.08.1993 – Brasil 2 x 0 Equador – São Paulo (SP) – Eliminatórias

29.08.1993 – Brasil 6 x 0 Bolívia – Recife (PE) – Eliminatórias

05.09.1993 – Brasil 4 x 0 Venezuela – Belo Horizonte (MG) – Eliminatórias

19.09.1993 – Brasil 2 x 0 Uruguai – Rio de Janeiro (RJ) – Eliminatórias

A equipe jogou bem contra o Equador e venceu por 2 a 0, mas nem por isso escapou das vaias de 77 mil torcedores no Morumbi, em São Paulo. No intervalo do jogo, Zagallo, ao deixar o gramado, deu uma "banana" para as arquibancadas. Bebeto abriu o placar e, depois do segundo gol, marcado por Dunga, Jorginho irritou-se com o público que, segundo ele, não comemorou a jogada como deveria. A equipe foi praticamente a mesma da partida anterior, apenas Ricardo Rocha deu lugar a Ricardo Gomes: Taffarel; Jorginho, Márcio Santos, Ricardo Gomes e Branco; Mauro Silva, Dunga, Raí (Palhinha) e Zinho; Bebeto e Müller.

As chances de classificação estavam agora em 67%.

Seleção brasileira enfrenta o Equador no Morumbi
(*Gazeta Press*/Acervo)

De mãos dadas rumo à Copa e a convocação de Romário

A história vitoriosa do tetracampeonato mundial começa efetivamente a ser contada a partir da goleada sobre a mesma Bolívia que tirou a invencibilidade da seleção brasileira na história das eliminatórias. O resultado diante do Equador deu ânimo aos atletas e o zagueiro Ricardo Rocha, nascido em Pernambuco, propôs aos jogadores para que entrassem em campo, em Recife, de mãos dadas: *"Em 1983 eu jogava pelo Santa Cruz, ainda jovem, e a gente foi campeão [estadual]. Era o time mais fraco; Sport e Náutico eram melhores. Nós entramos de mãos dadas na final contra o Náutico. Aconteceu a mesma coisa quando eu pensei na gente jogando no mesmo estádio, dez anos depois, em 1993. Eu falei: 'vamos dar as mãos, vamos com tudo e vamos em frente em busca dessa vitória'".*[33] Os jogadores tentavam mostrar a união e o fortalecimento do grupo para enfrentar os ataques da imprensa e da torcida. A partir dali, até a finalíssima contra a Itália, em 17 de julho de 1994, os jogadores sempre entraram em campo de mãos dadas.

O público pernambucano era tido como mais "amistoso" do que o de São Paulo e o do Rio de Janeiro. Parreira tinha encontrado uma base e escalou a equipe com: Taffarel; Jorginho, Ricardo Rocha, Ricardo Gomes e Branco; Mauro Silva, Dunga, Raí e Zinho (Palhinha); Bebeto (Evair) e Müller. O primeiro tempo terminou em 5 a 0 para a seleção brasileira! Os jogadores deixaram o gramado para o intervalo comemorando, abraçando-se e com sorriso no rosto. Raí, Müller, Bebeto (2), Branco e Ricardo Gomes balançaram as redes bolivianas. Dunga ainda foi expulso por entrada violenta e não iria enfrentar a Venezuela, no Mineirão.

Em tom de desabafo, o técnico Carlos Alberto Parreira afirmou: *"vaias nunca mais"*. Ele elogiou o público presente ao Arruda: *"A torcida deu um toque positivo tão grande que nenhum adversário poderia nos superar"*. O humor com a imprensa também mudou. A *Folha de S.Paulo* destacou: *"Seleção goleia e ganha aplausos"*. O *Estadão* foi no mesmo tom: *"Seleção faz boa partida e jogadores saem de campo aplaudidos pelos torcedores"*. O sempre crítico *Jornal dos Sports*, do Rio de Janeiro, usou a frase: *"Brasil lava a alma"* e complementou: *"Fantasma boliviano não teve colher de chá no Arruda"*. A seleção brasileira precisava de uma vitória e um empate para garantir a classificação para a Copa sem depender de outros resultados.[34]

Em Minas Gerais, a equipe de Carlos Alberto Parreira passou com facilidade pela fraca Venezuela, 4 a 0, assumiu a liderança do grupo e precisaria de apenas um ponto contra o Uruguai para carimbar o passaporte para a Copa. Diante dos venezuelanos, a seleção jogou com: Taffarel; Jorginho, Ricardo Rocha, Ricardo Gomes e Branco; Mauro Silva, Palhinha,

---

33. Depoimento ao autor em agosto de 2023.

34. Na época, cada vitória valia dois pontos. Já na Copa de 1994, o resultado positivo passou a valer três pontos para incentivar o jogo ofensivo (veja mais no próximo capítulo).

Raí e Zinho; Valdeir (Luís Henrique) e Evair. Os gols foram de Ricardo Gomes (2), Palhinha e Evair.

Mesmo com a goleada, a torcida mineira xingou Carlos Alberto Parreira e voltou a defender o nome de Telê Santana. Naquele mesmo dia, pelo outro grupo das eliminatórias, a Argentina foi goleada pela Colômbia, em casa, por 5 a 0, e teria de disputar a repescagem para conseguir chegar ao mundial dos Estados Unidos.

Os catorze dias que separaram a vitória contra a Venezuela e o duelo decisivo contra o Uruguai, no Maracanã, foram marcados por uma reviravolta. A história é caprichosa e, às vezes, passa a ser escrita por linhas tortas. Müller sofreu um estiramento muscular e o São Paulo, clube do jogador na época, informou o médico Lídio Toledo, da seleção, que o atleta não teria condições de entrar em campo por, pelo menos, duas semanas. Havia ainda uma preocupação com Bebeto que estava com dores na virilha. Aliás, o jogador conta que recebeu um telefonema de Parreira, que revelou a ele a intenção de convocar Romário. O treinador queria saber se os dois se dariam bem no ataque. A resposta, claro, foi positiva.

O caderno de esportes da *Folha de S.Paulo*, edição de 8 de setembro de 1993, estampava o seguinte título: *"Parreira convoca hoje Romário"* e explicava: *"Técnico não confia em Valdeir e Evair e chama atacante do Barcelona para a vaga de Müller"*. A dupla Parreira e Zagallo se curvava aos pedidos para a convocação do atacante, que estava fora da seleção desde o desentendimento com a comissão técnica no fim do ano anterior. Aos jornalistas, o treinador brasileiro justificou: *"Evair, Valdeir e Luís Henrique, como não vinham jogando, estão sem ritmo"*. Sobre Romário: *"Não há por que não o chamar agora. Amanhã [08.09.93], com mais calma, conversarei com Zagallo e Américo Faria [supervisor da seleção] sobre o assunto. Mas fique claro que a decisão depende só de mim"*.

Enquanto isso, Romário fez a política da boa vizinhança e percebeu que teria de mudar de comportamento para ir à Copa. O craque declarou a Moraes Eggers (*Folha*): *"Só [por] me chamarem eu já ficaria contente, independente de jogar ou não"*. Uma pesquisa *Datafolha* indicava que 67% dos torcedores defendiam a convocação de Romário. Naquela semana, o jogador aguardava com ansiedade o nascimento do segundo filho.

No dia em que confirmou a convocação e a titularidade de Romário, Parreira deixou bem claro o motivo de chamar o craque: *"[...] pelo futebol que está jogando e não por eventuais pressões da imprensa ou da torcida"*. Na realidade, não tinha mesmo como deixar o artilheiro de fora. Em treze jogos na Espanha, Romário balançou as redes dezessete vezes.

Em meio à preparação brasileira, a imprensa não perdeu a chance de relembrar a derrota da seleção para o Uruguai, por 2 a 1, na partida decisiva da Copa de 1950, no Maracanã, mesmo palco do duelo pelas eliminatórias, 43 anos depois. O fantasma do *"maracanazo"* era tão presente que um episódio lamentável na quinta-feira anterior ao jogo de domingo chamou a atenção. Moacir Barbosa, goleiro do Brasil em 1950, acusado maldosamente de falhar no gol marcado por Ghiggia (o segundo do Uruguai), tentou um encontro com Taffarel na Granja Comary, local de treino dos brasileiros, mas foi barrado pela comissão técnica. Barbosa tinha sido contratado pela emissora de TV britânica BBC para participar de um documentário e o roteiro previa um encontro com Taffarel. O episódio gerou inúmeras críticas a Parreira. O *Estadão* publicou uma declaração do treinador: *"Entenda, por favor. [...] Imagine a onda que iriam criar se o vissem com o Taffarel [...]"*. Sem dúvida, um episódio triste que só ampliou a amargura do goleiro da seleção de 50.

No domingo, 19 de setembro de 1993, mais de cem mil torcedores lotaram o Maracanã e foram brindados por uma exibição de gala de Romário. Diante dos uruguaios, o técnico Carlos Alberto Parreira escalou a equipe assim: Taffarel; Jorginho, Ricardo Rocha, Ricardo Gomes e Branco; Mauro Silva, Dunga, Raí e Zinho; Bebeto e Romário.[35] Depois de um primeiro tempo sem gols, Romário marcou de cabeça, aos 26 minutos, após cruzamento de Bebeto, da direita. A bola quicou no chão e passou entre as pernas de Siboldi. Aos 36, Mauro Silva lançou Romário que, sozinho, driblou o goleiro uruguaio e tocou para o fundo das redes:

---

35. Para a estreia na Copa, a zaga foi formada por Ricardo Rocha e Márcio Santos. Branco só entrou contra a Holanda. O escalado foi Leonardo.

2 a 0. A seleção, depois de inúmeros percalços, mantinha a escrita de ser a única presente em todas as Copas.

Depois do jogo, falando com os jornalistas, Parreira cogitou, de novo, abandonar o cargo, mas, dessa vez, falou publicamente: *"Se eu considerar só a razão, tenho de continuar, mas as pressões foram muitas, o desgaste, enorme, e não sei se devo passar por isso outra vez"*. Para o treinador, a seleção chegou ao auge naquela partida. A CBF confirmou que ele seria o técnico na Copa, apesar das pressões de torcedores por um novo nome.

Como "salvador da pátria", Romário marca dois gols contra o Uruguai
(*Gazeta Press*/Acervo)

Zinho não ficou para as comemorações, pois a mãe dele estava internada por causa de uma isquemia cerebral. Infelizmente, ela morreu na noite daquele domingo. O ex-jogador relembra com emoção: *"Antes da Copa, eu era o garoto que saiu de Nova Iguaçu com o sonho de ser jogador de futebol, de me tornar um atleta profissional e de um dia realizar uma profecia da minha mãe. Quando tinha três anos, eu me perdi. Ela disse que se eu aparecesse, ela iria me ver na seleção brasileira. Infelizmente, ela faleceu na época das eliminatórias, mas ela estava presente comigo na hora do tetra"*.[36]

---
36. Depoimento dado ao autor em agosto de 2013.

O Brasil encerrou as eliminatórias na primeira colocação; a Bolívia ficou em segundo e o Uruguai estava fora do mundial. A imprensa exaltou a figura de Romário, considerado o "salvador da pátria". A chegada do artilheiro deixou a torcida mais esperançosa pela conquista do tetracampeonato. A manchete do *Jornal dos Sports* sintetizava o sentimento nacional: *"O Brasil está na Copa: êô, êô, êô, Romário é um terror"*.

Para fechar o ano de 1993, a seleção fez mais dois amistosos. As duas partidas não contaram com a presença de Romário:

17.11.1993 – Brasil 1 x 2 Alemanha – Colônia – amistoso

16.12.1993 – Brasil 1 x 0 México – Guadalajara – amistoso

O duelo contra os alemães foi marcado pela violência. Evair balançou as redes adversárias. Já a partida contra o México, no Estádio Jalisco, em Guadalajara, teve gol de Rivaldo.[37] Viola, que iria para a Copa, entrou durante o jogo no lugar de Renato Gaúcho.

Já no ano da Copa, a seleção brasileira só voltou a se reunir em março para um amistoso contra a Argentina, em Recife. O jogo no Arruda foi um agradecimento ao público local que tanto apoiou a equipe de Carlos Alberto Parreira nas eliminatórias.

23.03.1994 – Brasil 2 x 0 Argentina – Recife (PE) – amistoso

Maradona, com uma lesão muscular, não jogou, ficou o tempo todo no banco de reservas. Já Ronaldo Nazário (futuro "fenômeno") substituiu Bebeto (autor dos dois gols da noite). O atacante do Cruzeiro tinha 17 anos e buscava uma vaga no grupo que iria para a Copa.

---

37. Rivaldo começou a carreira no Santa Cruz, mas ganhou destaque no Mogi Mirim (SP), chamado, na época, de "carrossel caipira". Apesar de convocado por Parreira para o jogo contra o México, o jogador não foi para a Copa de 1994. Ele se destacou em 1998, na França, e fez parte da seleção pentacampeã em 2002.

Quase um mês depois, a seleção foi a Paris para um amistoso contra o combinado de jogadores do PSG e do Bordeaux. O técnico Carlos Alberto Parreira reconheceu que a seleção não jogou bem e vaias não faltaram. Rivaldo e Edmundo foram criticados pelo próprio treinador que ainda fazia testes para a Copa:

20.04.1994 – Brasil 0 x 0 PSG/Bordeaux – Paris – amistoso

A partida entrou para história por um fato extracampo: o pontapé mais importante da partida foi dado por Ayrton Senna. A *Folha de S.Paulo* destacou: *"Ayrton Senna assistiu ao amistoso entre Paris Saint Germain/Bordeaux e Brasil ontem em Paris. O piloto deu o pontapé inicial da partida e participou de atividades promocionais da Renault, fabricante dos motores da Williams. Ayrton Senna testará aerofólios e um novo 'nariz' para seu carro na França, semana que vem"*. O jornal lembrava que Senna estava na terra de Alain Prost; os dois protagonizaram a maior rivalidade da história da Fórmula 1.

O atacante Bebeto não esconde a tristeza ao recordar que não pôde participar daquele jogo, pois estava gripado e com febre: *"Não me encontrei com o Ayrton! O pessoal me contou depois que ele perguntou por mim. Ele dizia para os jogadores que iria ser tetra naquele ano e torcia para a seleção brasileira também conquistar o quarto título"*.[38]

No entanto, onze dias depois do amistoso da seleção em Paris, o maior piloto brasileiro de todos os tempos morreu em um acidente durante uma corrida em Ímola, na Itália, e o mundo entrou em comoção naquele primeiro de maio de 1994. Impactada pela tragédia envolvendo Ayrton Senna, no dia do enterro do piloto, a seleção entrou em campo para o último amistoso antes de deixar o Brasil para a disputa da Copa:

04.05.1994 – Brasil 3 x 0 Islândia – Florianópolis (SC) – amistoso

---

38. Depoimento ao autor em agosto de 2023.

Com gols de Ronaldo, Zinho e Viola, a equipe brasileira venceu a fraca equipe da Islândia. Antes do duelo, foi feita uma homenagem a Senna. O locutor do Estádio da Ressacada leu uma mensagem dos jogadores da seleção que prometiam brigar muito pelo tetra nos Estados Unidos.

Depois da partida, os programas esportivos da TV e do rádio começaram a especular sobre os convocados para a Copa. O técnico Parreira afirmou que faria uma espécie de "retiro" até 10 de maio, dia do anúncio dos nomes dos vinte e dois atletas. Da lista original, dezesseis tinham disputado as eliminatórias:[39]

Goleiros: Taffarel (Reggiana), Zetti (São Paulo) e Gilmar (Flamengo)[40]

Zagueiros: Ricardo Rocha (Vasco da Gama), Ricardo Gomes (Paris Saint Germain), Mozer (Benfica) e Márcio Santos (Bordeaux)

Laterais: Jorginho (Bayern de Munique), Cafu (São Paulo), Leonardo (São Paulo) e Branco (Fluminense)

Meio de campo: Mazinho (Palmeiras), Zinho (Palmeiras), Dunga (Stuttgart), Mauro Silva (La Coruña) e Raí (São Paulo)

Atacantes: Bebeto (La Coruña), Romário (Barcelona), Paulo Sérgio (Bayern Leverkusen), Ronaldo (Cruzeiro), Müller (São Paulo) e Viola (Corinthians)

Da relação de nomes acima, Ronaldo era o mais jovem, 17 anos, mesma idade que Pelé tinha quando disputou a Copa de 1958. O grupo era o mais velho desde a Copa de 70, com média de idade de 27,5 anos. Carlos Alberto Parreira convocou onze atletas que atuavam no Brasil e onze no exterior.

---

39. Parreira utilizou 81 jogadores desde que assumiu a seleção.
40. Dos convocados, Gilmar era o mais velho, com 35 anos.

O treinador, entretanto, teve de redefinir a zaga. Ainda no Brasil, Mozer recebeu diagnóstico de hepatite tóxica, provocada por consumo excessivo de anti-inflamatórios após cirurgia no joelho e foi cortado. Aldair, da Roma, foi o substituto. Ricardo Gomes se contundiu durante o amistoso contra El Salvador, já na América do Norte, o último antes da estreia na Copa, e Parreira chamou Ronaldão, do Shimizu (Japão). Claro que nenhuma convocação é unânime e a imprensa fez a lista dos esquecidos: Evair, Careca, Palhinha, Válber, Elivélton, Valdo e Luiz Henrique. Parreira pretendia levar César Sampaio, mas preferiu convocar mais um atacante: Viola.

A maioria dos jogadores se apresentou em 17 de maio e, depois de uma bateria de exames no Rio de Janeiro, a delegação iniciou a apresentação na Granja Comary, em Teresópolis. O embarque para a América do Norte ocorreu em 25 de maio. A seleção foi para os Estados Unidos, instalou-se em Los Gatos (veja mais neste capítulo) e depois foi a Edmonton, no Canadá, para um amistoso:

05.06.1994 – Brasil 1 x 1 Canadá – Edmonton – amistoso

A seleção brasileira perdeu muitas chances de gol e só balançou as redes aos 44 minutos do primeiro tempo com Romário. O Canadá conseguiu o empate com Berdusco aos 25 minutos da etapa final. O placar igual deixou os torcedores desconfiados. Contra os canadenses, a equipe nacional jogou com Taffarel; Jorginho (Cafu), Aldair (Márcio Santos), Ricardo Gomes e Leonardo; Mauro Silva, Dunga (Mazinho), Raí (Paulo Sérgio) e Zinho; Bebeto e Romário.

Parreira foi taxativo: *"Calma, que o time vai melhorar"*. Uma pesquisa *Datafolha* apontava que 55% dos brasileiros defendiam a permanência do treinador às vésperas do mundial. No entanto, havia um pessimismo no ar e desconfianças em relação à seleção. O meio de campo recebia críticas, sendo que Raí não vinha em boa fase. O lateral esquerdo Branco já não entrou em campo contra o Canadá. O jogador estava com uma inflamação no ciático e sofria fortes dores nas costas. O atleta só voltaria diante da Holanda, pelas quartas de final da Copa.

Já nos Estados Unidos, em San Diego, o desempenho no amistoso contra a fraca Honduras foi bem melhor, com uma goleada:

08.06.1994 – Brasil 8 x 2 Honduras – San Diego – amistoso

Parreira fazia testes e mexia na zaga e no meio de campo. Contra os hondurenhos, o Brasil jogou assim: Taffarel; Jorginho (Cafu), Aldair, Ricardo Gomes (Márcio Santos) e Leonardo; Mauro Silva, Dunga, Raí e Zinho; Bebeto (Ronaldo) e Romário (Viola). Romário marcou três vezes; Bebeto, duas, e os outros gols foram de Cafu, Dunga e Raí.

A seleção viajou para Fresno, cerca de 300 quilômetros ao norte de San Diego, e goleou El Salvador:

12.06.1994 – Brasil 4 x 0 El Salvador – Fresno – amistoso

O destaque negativo do jogo foi a distensão que Ricardo Gomes sofreu na coxa direita. Inicialmente, havia a expectativa de que ele pudesse voltar ao longo da Copa, mas o atleta acabou cortado por Parreira (lembrando que Ronaldão foi convocado para a vaga). Contra os salvadorenhos, a última escalação antes da estreia contra a Rússia foi: Zetti; Jorginho, Ricardo Rocha, Ricardo Gomes (Márcio Santos) e Leonardo; Mauro Silva (Raí), Dunga, Mazinho e Zinho; Bebeto (Viola) e Romário (Müller). Romário, Bebeto, Zinho e Raí marcaram os gols. O técnico Carlos Alberto Parreira ainda fazia testes no meio-campo. Dessa vez, Raí não começou jogando.

Aquele domingo foi muito especial para o esporte brasileiro com a conquista inédita da seleção feminina de basquete do mundial disputado na Austrália. Na decisão, a equipe de Hortência e Paula derrotou a China por 96 a 87.

Que o desempenho das meninas inspirasse a equipe que tentaria o tão sonhado tetracampeonato no futebol!

Los Gatos: a casa brasileira

A seleção ficou no Grupo B (veja mais no próximo capítulo) e jogaria as duas primeiras partidas e o duelo de oitavas de final no Stanford Stadium, pertencente à belíssima Stanford University, em Palo Alto. A CBF escolheu a cidade de Los Gatos[41], uma espécie de vila localizada no condado de Santa Clara, como local da concentração. A comissão técnica e os jogadores ficaram hospedados no hotel Villa Felice, longe da badalação da torcida. Para chegar ao estádio, a partir de Los Gatos, a seleção tinha que percorrer uma distância de 27 km. Já os treinos eram feitos no campo de uma outra universidade, a de Santa Clara, a cerca de 22 km de Stanford.

Nos dias de folga, os atletas brasileiros iam às compras e circulavam pelos arredores das duas universidades. Como todos os estádios da Copa, o Stanford foi adaptado do futebol americano para o *soccer*. O time da universidade daria lugar, nas próximas semanas, aos duelos da Copa. O coordenador Zagallo chamou a concentração brasileira de "prisão de luxo", pois deixava os jogadores muito isolados, até de familiares.

---

41. Los Gatos fica ao lado de San José, cidade que hoje abriga grandes empresas de tecnologia, como Google, Apple e Microsoft.

Torcida lota o Stanford para o duelo entre Brasil e Rússia
(*Gazeta Press*/Acervo)

Assim que os jogadores e a comissão técnica chegaram a Los Gatos, foi feita uma grande reunião para traçar as diretrizes de comportamento, discutir regras e a criação de uma espécie de "cartilha" para os jogadores. Zetti considera essa reunião fundamental para os objetivos da seleção na Copa: *"Eu me lembro que nós chegamos e nem fomos para o jantar, seguimos direto para um auditório. Ali, já se definiu qual seria a função de cada um, como todos nós iríamos nos comportar".*[42]

O grupo debateu temas como a rotina de treinos e até como seria feita a remuneração. O roupeiro, o cozinheiro, o técnico e os jogadores iriam ganhar valores iguais de salário e premiação. Zetti se lembra de uma exigência curiosa de Romário: *"Não vai ter diferença pra ninguém aqui. Só que é o seguinte: se eu [Romário] precisar comer um ovo às duas horas da manhã, eu vou cobrar, mas me cobra dentro de campo depois".* Os jogadores que haviam disputado a Copa de 1990 contaram sobre as próprias experiências e destacaram quais erros não poderiam se repetir.

Houve, por exemplo, uma recomendação para que as famílias não fossem levadas aos Estados Unidos e, caso viajassem, não teriam acesso ao hotel da seleção, ao contrário do que tinha ocorrido em 1990. O *Jornal dos Sports* informou: *"Zinho, Jorginho, Müller e Paulo Sérgio, esses levaram apenas suas bíblias. São 'Atletas de Cristo' e estão sempre lendo e rezando. Se depender da fé, o Brasil será tetra [...]".* A publicação ainda lembrou que Denise, esposa de Bebeto, e Beatriz, mulher de Leonardo, estavam grávidas, com os partos previstos para os próximos dias. Até a estreia, havia discussão sobre a manutenção no grupo do lateral esquerdo Branco, que fazia um intenso tratamento para as dores lombares. Nos bastidores, comentava-se que Roberto Carlos, do Palmeiras, poderia ser convocado às pressas.

No entanto, o médico Lídio Toledo confirmou que Branco teria condições de jogo já para a estreia ou para o andamento do mundial. O atleta fazia tratamento na piscina de um clube próximo à Villa Felice com o fisioterapeuta Claudionor Delgado. *"Não estava 100% fisicamente. Senti na preparação. Tive que me recuperar durante a disputa. Eu trabalhei*

---

42. Depoimento ao autor em setembro de 2023.

muito para ficar bem: injeções, horas de fisioterapia e uma dedicação absurda. Eu era um jogador com muita experiência dentro da seleção e um atleta da confiança do Parreira. Fomos campeões em 84 no Fluminense. Fui titular durante as Eliminatórias. Quando me lesionei, Parreira confiou na minha capacidade de recuperação e disse que eu era e seria importante para ele" [43], conta Branco, que só estreou contra a Holanda, nas quartas de final.

Nos últimos dias antes da estreia, o técnico Parreira ainda se mostrava indeciso. Aldair, escalado para formar a zaga com Ricardo Rocha contra a Rússia, estava sem ritmo, de acordo com a imprensa, o que gerava preocupações, Márcio Santos foi o escalado. Uma outra polêmica foi sobre o capitão da seleção brasileira na Copa. Durante toda fase de preparação, o treinador brasileiro fez um rodízio com os principais jogadores, mas privilegiou Raí. O camisa 10 falava línguas e poderia ajudar na comunicação com árbitros e adversários. Raí começou a Copa com a braçadeira, mas deixou de ser titular a partir das oitavas de final, contra os Estados Unidos. Dunga, então, tornou-se capitão.

Parreira comanda treino da seleção
(*Gazeta Press*/Acervo)

---

43. Depoimento ao autor em agosto de 2023.

No domingo, 19 de junho de 1994, véspera da estreia, a seleção fez reconhecimento do gramado do Stanford Stadium. De acordo com a *Folha de S.Paulo*, as condições eram boas, apesar de uma formatura de 1.500 alunos da universidade na semana anterior ter danificado parte da grama. Os funcionários locais faziam os últimos retoques nos alambrados e na decoração, com bandeiras e *banners* da Copa. A estreia da seleção estava marcada para às 17h (horário de Brasília). O grande problema para todas as seleções da Copa eram as altas temperaturas do verão americano que poderiam variar facilmente de 30 a 40 graus!

Jogadores e integrantes da comissão técnica posam para foto oficial
(*Gazeta Press*/Acervo)

Delegação do Brasil na Copa de 1994

Chefe: Mustafá Contursi

Supervisor: Américo Faria

Técnico: Carlos Alberto Parreira

Coordenador técnico: Mário Jorge Lobo Zagallo

Observadores: Jairo dos Santos e Leovegildo Gama Júnior

Preparadores físicos: Moraci Sant'Anna e Luiz Carlos Prima

Treinador de goleiros: Wendell Ramalho

Médicos: Lídio de Toledo e Mauro Pompeu

Fisioterapeuta: Claudionor Delgado

Psicólogo: Evandro Mota

Assessor de imprensa: Nelson Borges

Massagistas: Luiz Carlos Silva e Abílio José da Silva (Nocaute Jack)

Roupeiros: Antônio Assis e Rogelson Barreto

Cozinheiro: Martinho Souza

Jogadores (por número): Taffarel (1), Zetti (12), Gilmar (22), Jorginho (2), Branco (6), Cafu (14), Leonardo (16), Ricardo Rocha (3), Ronaldão (4), Aldair (13), Márcio Santos (15), Mauro Silva (5), Dunga (8), Zinho (9), Raí (10), Mazinho (17), Paulo Sérgio (18), Bebeto (7), Romário (11), Müller (19), Ronaldo (20) e Viola (21)

Cerimônia em Stanford antes da estreia da seleção brasileira
(*Gazeta Press*/Acervo)

3

A Copa de novo na América do Norte

Um país de dimensões continentais, acostumado a organizações impecáveis e inovadoras foi escolhido para receber a décima quinta Copa do Mundo da história do futebol. Para os críticos, não tinha sentido indicar os Estados Unidos para a maior festa do esporte por um simples motivo: a falta de tradição no *soccer*, ao contrário do futebol americano, do basquete e do *baseball*. Um levantamento do Instituto Gallup, feito às vésperas da abertura, indicava que 66% dos americanos não sabiam onde seria disputada a competição.

Os Estados Unidos foram escolhidos como país sede em quatro de julho de 1988, dia da independência. O país recebeu dez dos dezenove votos possíveis, contra sete do Marrocos e somente dois do Brasil. O sorteio ocorreu no Hotel Mövenpick, em Zurique, na Suíça. O presidente da FIFA, o brasileiro João Havelange, justificou que a escolha foi motivada pelos seguintes itens: estádios, garantias de retorno financeiro, infraestrutura de transporte, aeroportos e hotéis. Pela terceira vez na história, desde 1930, a Copa seria na América do Norte.[44] O México tinha recebido a competição em 1970 e 1986.

---

44. Pela primeira vez, a Copa não foi disputada na Europa e nem na América Latina.

A FIFA e os organizadores do mundial adaptaram nove estádios do futebol americano: Rose Bowl (Pasadena-CA), Pontiac Silverdome[45] (Detroit), Stanford (Palo Alto-CA), Giants Stadium (New Jersey), Citrus Bowl (Orlando), Soldier Field (Chicago), Cotton Bowl (Dallas), Foxboro Stadium (Foxborough) e RFK Memorial (Washington).

O mundial entrou para a história como o que teve o maior público nos estádios: 3.567.408 espectadores, ou seja, 68.604 por jogo. O mascote do mundial foi o simpático cãozinho Striker, que vestia roupas com as cores da bandeira americana. Já o cartaz oficial foi confeccionado pelo artista plástico *pop* Peter Max. A imagem traz a pintura de um jogador chutando uma bola e, abaixo, o globo terrestre com a bandeira dos Estados Unidos.

Apesar do desconhecimento dos americanos sobre a Copa, o país vinha investindo desde meados dos anos 70 na formação de jogadores. A passagem de Pelé pelo Cosmos, de Nova Iorque, e de diversos craques mundiais, como o alemão Franz Beckenbauer, foi fundamental para o início da popularização do esporte. Vale lembrar que a seleção feminina de futebol dos Estados Unidos foi campeã mundial em 1991, na primeira Copa disputada pela categoria.

Dentro de campo, os europeus, principalmente, reclamaram muito dos horários das partidas, boa parte disputada debaixo de um sol escaldante e de uma temperatura que podia chegar a 40 graus.

Números positivos e mudanças nas regras

Entre 1990 e 1994, a FIFA começou a promover uma série de mudanças no futebol para tornar os jogos mais dinâmicos, rápidos e menos violentos. A vitória passou a valer três pontos (antes eram dois), uma maneira de incentivar a ofensividade. Os goleiros foram proibidos de pegar com as mãos as bolas recuadas com os pés, uma das alterações mais importantes dos últimos anos para diminuir a "cera". A FIFA também autorizou que os onze jogadores reservas de cada seleção ficassem no ban-

---

45. Primeiro estádio totalmente coberto a ser utilizado em uma Copa.

co durante as partidas. Eram permitidas três substituições, sendo uma exclusiva dos goleiros.

Com estádios lotados, a Copa de 1994 tem recorde de público
(*Gazeta Press*/Acervo)

O Comitê Organizador da Copa recomendou aos árbitros punir com mais rigor as faltas por trás. O combate ao antijogo rendeu 235 cartões amarelos (4,5 por partida) e 15 expulsões. Os árbitros passaram a dar acréscimos rigorosos no fim de cada tempo de partida. As medidas deram resultado. A média de gols do mundial de 1994 foi a maior desde 1982: 2,71. As redes balançaram 141 vezes em 52 jogos. Apenas três partidas terminaram empatadas por 0 a 0.

A Copa nos Estados Unidos, disputada de 17 de junho a 17 de julho, foi a última com 24 equipes (a próxima, na França, já teve 32). A FIFA manteve o modelo dos dois mundiais anteriores: as seleções foram divididas em seis grupos; as duas primeiras de cada chave e as quatro melhores terceiras colocadas se classificavam para o mata-mata das oitavas de final.

Dois dos seis campeões mundiais da época não conseguiram se classificar: Uruguai e Inglaterra. Esta foi desclassificada na chave das eliminatórias europeias que garantiu vaga para Holanda e Noruega. A França, que ainda não fazia parte do "clube" de campeões das Copas, ficou em terceiro no grupo em que Suécia e Bulgária carimbaram o passaporte para os Estados Unidos. No total, 147 seleções brigaram pelas vinte e duas vagas disponíveis, um recorde na época! Alemanha[46], atual campeã, e os Estados Unidos, anfitriões, estavam classificados automaticamente. Como curiosidade, dos vinte e quatro técnicos da Copa, apenas três não tinham sido jogadores: Parreira (Brasil), Westerhof (Nigéria) e Panagoulias (Grécia).

Sorteio dos grupos e o início da Copa

Os grupos da Copa foram conhecidos a partir do sorteio feito em 19 de dezembro de 1993, em Las Vegas, nos Estados Unidos. Curiosamente, a cerimônia não foi transmitida pelas TVs do Brasil, pois, no mesmo horário, Palmeiras[47] e Vitória decidiam o Campeonato Brasileiro. Pelé foi vetado de subir ao palco para participar do evento por determinação de João Havelange. O todo poderoso cartola da FIFA tomou as dores do genro, Ricardo Teixeira, presidente da CBF, que estava sendo processado, na época, pelo Rei do futebol.

Em entrevista à *Folha de S.Paulo*, Pelé amenizou: *"Meu problema é com Ricardo Teixeira, presidente da CBF. Há corrupção na entidade"*. Já em sua autobiografia, o Rei não escondeu a tristeza de não ter participado diretamente do sorteio: *"[...] Fiquei muito desapontado porque achava que tinha feito muito para que os Estados Unidos fossem anfitriões do evento. Também fiquei triste porque Havelange agiu sem ter pleno conhecimento da situação. Ele era quase como um pai para mim [...]"*.

No palco, além da escolha das bolinhas, o público acompanhou *shows* de ícones da música: James Brown, Rod Stewart e Stevie Wonder.

---

46. Em 1990, mesmo depois da unificação do país, a Alemanha ainda foi para a Copa como "Alemanha Ocidental". Em 1994, foi "apenas" Alemanha.

47. Depois de 20 anos, o Palmeiras foi campeão brasileiro naquele dia.

Outro ponto alto foi quando o ator Robin Williams fez brincadeiras constrangedoras com o secretário-geral da FIFA, Joseph Blatter.

O Estádio Soldier Field, em Chicago, foi o palco da abertura do maior espetáculo do esporte mundial no dia 17 de junho de 1994, uma sexta-feira. Debaixo de uma temperatura de 35 graus célsius, a cerimônia, vista por 63 mil pessoas presentes e por um bilhão de telespectadores, começou às 13h20 locais (15h20, horário de Brasília). Cerca de 35 mil balões com as cores americanas, azul, vermelho e branco, foram soltos no momento em que a cantora Diana Ross entrou no gramado dando as boas-vindas. Antes de subir ao palco, ela tinha que chutar uma bola para o gol e, acreditem, chutou para fora!

Seria um prenúncio do que aconteceria com o italiano Roberto Baggio na disputa por pênaltis contra o Brasil?

Depois de cinco músicas, o organizador do mundial-94, Alan Rothenberg, foi vaiado. As manifestações negativas continuaram durante o pronunciamento do presidente da FIFA, João Havelange[48], que estava ao lado do presidente norte-americano, Bill Clinton. A festa prosseguiu com 576 bailarinos que representavam os 24 países participantes.

A apresentadora Oprah Winfrey anunciou o discurso de Bill Clinton e novas vaias foram ouvidas no Soldier Field. O presidente elogiou os esforços do país para organizar a décima quinta Copa da história. Após a fala, Richard Marx cantou o hino americano, em meio à passagem de quatro caças F-16 sobre o estádio. Por fim, o público ainda assistiu às apresentações de Jon Secada e Daryl Hall, acompanhado pelo grupo "Sounds of Blackness".

Uma das "ausências" da festa foi a do mascote Striker. A empresa vencedora para promover o evento tinha desbancado a Disney no processo de escolha dos organizadores e preferiu evitar qualquer associação com a concorrente, conhecida pelos desenhos de animais. Uma outra explicação estava nas páginas do *Chicago Tribune*: *"Ele não esteve na ceri-*

---

48. Havelange fez um discurso em espanhol. Na transmissão do SBT, o comentarista Orlando Duarte brincou dizendo que o presidente da FIFA poderia ter feito um curso para falar melhor a língua.

mônia de abertura porque tem um aspecto estúpido". A declaração foi dada por um dos organizadores da festa, que não quis se identificar ao jornal.

Dentro de campo, a Alemanha venceu a Bolívia por 1 a 0, gol de Klinsmann, marcado aos 15 minutos do segundo tempo. O resultado representou a quebra de um tabu. Desde 1974, quando a FIFA decidiu que os jogos de abertura passassem a ser disputados pela equipe ganhadora do mundial anterior, o campeão nunca tinha vencido a partida.

Abaixo, um resumo de cada grupo da Copa:

Grupo A (Los Angeles, Detroit e São Francisco)
Estados Unidos, Suíça, Colômbia e Romênia
Estados Unidos 1 x 1 Suíça
Romênia 3 x 1 Colômbia
Estados Unidos 2 x 1 Colômbia
Suíça 4 x 1 Romênia
Romênia 1 x 0 Estados Unidos
Colômbia 2 x 0 Suíça
Classificados: Romênia, Suíça e Estados Unidos

A Colômbia, treinada por Francisco Maturana, chegou ao mundial com muita badalação e estava entre as favoritas ao título. A vitória diante da Argentina, 5 a 0, nas eliminatórias, provocou grande expectativa pela participação na Copa. Os destaques eram Valderrama, Rincón, Valencia e Asprilla. No entanto, as duas derrotas para Romênia e Estados Unidos desclassificaram a equipe logo na primeira fase. A eliminação foi além das quatro linhas. No dia 2 de julho, o zagueiro Andrés Escobar, que tinha feito um gol contra no duelo diante dos norte-americanos, foi morto em um bar de Medellín. As motivações do crime são até hoje discutidas e não estariam, necessariamente, relacionadas ao mundo do futebol (veja mais na seção de curiosidades).

O bom futebol apresentado pelos romenos, que ficaram em primeiro lugar na chave, surpreendeu a crônica esportiva. Hagi, Dumitrescu e Raducioiu tinham grande habilidade e foram responsáveis pela melhor campanha do país em mundiais. Já a Suíça, de Sutter e Chapuisat, empatou com os Estados Unidos na estreia, surpreendeu a Romênia e perdeu para a Colômbia, conseguindo a segunda posição. Em terceiro lugar, na repescagem, ficaram os donos da casa. O goleiro Tony Meola, o zagueiro roqueiro Alexi Lalas e Eric Wynalda, um dos maiores artilheiros do futebol americano, fizeram história em 1994. A equipe era comandada pelo técnico Bora Milutinovic. Na vitória sobre a Colômbia, o lance da bicicleta de Balboa ficou na memória da torcida, mesmo não tendo saído o gol.

Era uma nítida evolução dos norte-americanos!

Grupo B (Los Angeles, Detroit e São Francisco)
Brasil, Rússia, Suécia e Camarões

Brasil 2 x 0 Rússia

Suécia 2 x 2 Camarões

Brasil 3 x 0 Camarões

Suécia 3 x 1 Rússia

Brasil 1 x 1 Suécia

Rússia 6 x 1 Camarões

Classificados: Brasil e Suécia

A seleção brasileira terminou o grupo B na primeira colocação, como veremos nos próximos capítulos. Um detalhe interessante é que a CBF voltou a utilizar a Cruz de Malta no escudo da camisa da seleção. Em 1982, 1986 e 1990, a Confederação trocou o ornamento tradicional por um desenho da taça *Jules Rimet*, conquistada em definitivo com o tricampeonato em 1970 (veja mais na seção de curiosidades).

A geração sueca era muito boa e nomes como Ravelli (goleiro), Björklund, Kennet Andersson, Brolin e Dahlin deram muito trabalho aos brasileiros. Ao final, a equipe ficou na terceira colocação, melhor desempenho desde o vice-campeonato na Copa de 1958.

Foi o primeiro mundial da Rússia depois da dissolução da União Soviética. Os russos não passaram da primeira fase, é verdade, mas o craque Oleg Salenko se tornou artilheiro da Copa com seis gols, ao lado do búlgaro Hristo Stoichkov. Contra Camarões, Salenko balançou as redes adversárias cinco vezes na vitória por 6 a 1. Nessa partida, outro fato chamou a atenção: Roger Milla, destaque da Copa de 1990, na Itália, tornou-se o jogador mais velho a marcar um gol: 42 anos!

Grupo C (Chicago, Dallas e Boston)

Alemanha, Espanha, Bolívia e Coreia do Sul

Alemanha 1 x 0 Bolívia

Espanha 2 x 2 Coreia do Sul

Espanha 1 x 1 Alemanha

Coreia do Sul 0 x 0 Bolívia

Alemanha 3 x 2 Coreia do Sul

Espanha 3 x 1 Bolívia

Classificados: Alemanha e Espanha

A Alemanha, que conquistara o tricampeonato mundial em 1990, estava com um novo técnico: Berti Vogts, substituto de Franz Beckenbauer. Apesar do processo de renovação, a equipe ainda contava com os experientes Brehme, Klinsmann e Lothar Matthäus. Aliás, este e Maradona atingiram, em 1994, a marca de vinte e um jogos na história das Copas: um recorde na época. Os alemães venceram a Bolívia, empataram com a Espanha e, com muita dificuldade, passaram pela Coreia do Sul garantindo a liderança do grupo.

Já os espanhóis, treinados por Javier Clemente, ficaram na segunda colocação. A equipe tinha grandes nomes, como Zubizarreta, Hierro, Guardiola, Luis Enrique e Caminero. A Coreia do Sul dificultou a vida dos adversários, mas não conseguiu se classificar. A Bolívia, que tanto atrapalhou a vida do Brasil nas eliminatórias, não foi à frente. O empate por 0 a 0 entre coreanos e bolivianos é, sem dúvida, um dos piores jogos das Copas de todos os tempos!

Grupo D (Chicago, Dallas e Boston)
Argentina, Bulgária, Nigéria e Grécia
Argentina 4 x 0 Grécia
Nigéria 3 x 0 Bulgária
Argentina 2 x 1 Nigéria
Bulgária 4 x 0 Grécia
Bulgária 2 x 0 Argentina
Nigéria 2 x 0 Grécia
Classificados: Nigéria, Bulgária e Argentina

A Argentina começou a Copa arrasando a fraca equipe da Grécia, por 4 a 0, com três gols de Batistuta e outro de Maradona, o último dele em mundiais. Depois de balançar as redes, o camisa 10 fez uma cara de fúria, captada pelas câmeras de TV. No jogo seguinte, os vice-campeões ganharam de virada da Nigéria, 2 a 1, com dois gols de Caniggia, mas a imagem do jogo foi a de Maradona saindo de campo de mãos dadas com a enfermeira Sue Carpenter, depois de ter sido sorteado para o exame de *doping*. O resultado deu positivo para efedrina, substância considerada estimulante, proibida pela FIFA, e que é encontrada em remédios para emagrecimento. Em meio à polêmica e muita discussão, Maradona não jogou mais a Copa. O jornal argentino *La Nación* estampou: *"Que Deus nos ajude"*. A Argentina foi derrotada pela Bulgária e terminou a chave em terceiro lugar, mas conseguiu se classificar.

A Nigéria, mesmo estreante em Copas, aparecia em casas de apostas como uma das favoritas ao título. O otimismo tinha a ver com os grandes nomes daquela seleção: Amokachi, Yekini e Amunike. Eram jogadores rápidos e habilidosos. As vitórias diante da Bulgária e da Grécia garantiram as "superáguias douradas" em primeiro na chave.

O segundo lugar ficou com a Bulgária, que contava com uma dupla infernal: Letchkov e Stoichkov. Este era companheiro de Romário no Barcelona e foi um dos artilheiros da Copa. Apesar da derrota na estreia para a Nigéria, a equipe se recuperou e venceu a Grécia e a Argentina. Os búlgaros nunca tinham ganhado uma partida sequer na história dos mundiais.

Grupo E (Nova Jersey, Washington e Orlando)

Itália, México, Noruega e República da Irlanda/Eire

Irlanda/Eire 1 x 0 Itália

Noruega 1 x 0 México

Itália 1 x 0 Noruega

México 2 x 1 Irlanda/Eire

Irlanda/Eire 0 x 0 Noruega

Itália 1 x 1 México

Classificados: México, Irlanda/Eire e Itália

A Itália, comandada por Arrigo Sacchi, contava com bons jogadores, mas estava mal fisicamente e sofreu muito com o calor durante a Copa. O capitão Baresi teve uma ruptura de menisco contra a Noruega, foi submetido a uma cirurgia e ainda jogou a final. A campanha na primeira fase foi irregular: uma vitória, um empate e uma derrota. Contra os noruegueses, o goleiro Pagliuca acabou expulso e o técnico Arrigo Sacchi tirou Roberto Baggio para colocar o arqueiro reserva Marchegiani. A *"Azzurra"* se classificou depois da repescagem entre os quatro melhores terceiros colocados na primeira fase.

O grupo foi o mais embolado da Copa: as quatro seleções obtiveram quatro pontos. Em primeiro, ficou o México, que contava com o folclórico goleiro Jorge Campos e com Zaguinho, filho do ex-jogador Zague, que marcou época no Corinthians. A segunda colocação ficou com a Irlanda, treinada pelo inglês Jack Charlton. O goleiro era o veterano Bonner.

Grupo F (Nova Jersey, Washington e Orlando)
Bélgica, Marrocos, Holanda e Arábia Saudita
Bélgica 1 x 0 Marrocos
Holanda 2 x 1 Arábia Saudita
Bélgica 1 x 0 Holanda
Arábia Saudita 2 x 1 Marrocos
Arábia Saudita 1 x 0 Bélgica
Holanda 2 x 1 Marrocos
Classificados: Holanda, Arábia Saudita e Bélgica

O grupo F também foi marcado pelo equilíbrio: Holanda, Arábia Saudita e Bélgica chegaram a seis pontos, enquanto que o Marrocos não saiu do zero. Os holandeses, favoritos, contavam com uma grande geração de atletas e eram comandados por Dick Advocaat. Entre os destaques estavam Ronald Koeman, Frank de Boer, Ronald de Boer, Rijkaard e Bergkamp. Entretanto, a equipe enfrentava uma crise. Ruud Gullit, um dos principais nomes da história do futebol do país, abandonou a concentração nos Estados Unidos. Apesar de alegar problemas pessoais, o relacionamento dele com o treinador não era bom. Outro destaque, Marco van Basten, estava contundido e ficou fora do mundial. Mesmo com dificuldades internas, a Holanda terminou a primeira fase na liderança. Já a Arábia Saudita ficou em segundo lugar. Na vitória contra a Bélgica, por 1 a 0, brilhou Saeed Al-Owairan, autor do gol mais bonito do mundial. O meia-atacante partiu do campo de defesa, carregou a bola, driblou quatro adversários e tocou na saída de Preud'homme, eleito melhor goleiro da Copa de 1994.

Os belgas, orientados por Paul Van Himst, venceram os marroquinos e a arquirrival Holanda, mas, na combinação de resultados, garantiram a classificação para as oitavas de final apenas em terceiro lugar.

Clima de Copa toma conta do Brasil

Não tem jeito! A torcida brasileira pode estar desconfiada da seleção, desacreditada no título, mas sempre entra no clima da Copa. Como em outros anos, ruas foram pintadas de verde e amarelo, as repartições públicas decretaram ponto facultativo e as escolas e faculdades dispensaram alunos mais cedo nos dias de jogos do Brasil. Os três primeiros foram disputados durante a semana (segunda, sexta e terça), às cinco da tarde. Era uma correria para chegar em casa ou assistir às partidas em locais públicos, como no Anhangabaú, em São Paulo (veja mais no capítulo 11).

De acordo com a *Folha de S.Paulo*, *"Em dia de jogo do Brasil na Copa, a principal mudança na rotina será a antecipação do horário do rush para às 15h. Os três primeiros jogos do Brasil serão em dias úteis (20, 24 e 28). Isso porque a maioria das empresas deverá liberar seus funcionários duas horas antes do início do jogo, previsto para às 17h [...]"*. A publicação também ouviu pessoas que enfeitaram as ruas na expectativa pela chegada da Copa. Na Vila Guilherme, na zona norte da capital paulista, o coronel Jordão passou os últimos 45 dias arrecadando dinheiro para a festa e pintando o quarteirão. Os ambulantes também aproveitaram o momento para vender bandeiras, cornetas e camisas, principalmente na região central de São Paulo. Restaurantes elaboraram cardápios especiais para receber torcedores em dias de jogos. A Copa deixava imigrantes divididos. Armando Puglisi, conhecido como Armandinho do Bixiga, bairro italiano tradicionalíssimo de São Paulo, não sabia se torceria para o Brasil ou para a Itália.

Podemos imaginar como ele ficou na final da Copa!

No Rio de Janeiro, a festa também não seria diferente. Antes da estreia brasileira, *O Globo* descreveu: *"O Rio vestiu a camisa verde-amarela. O carioca aproveitou o domingo de sol para preparar o cenário da festa de hoje à tarde [estreia da seleção, na segunda]. É difícil passar por uma rua da cidade onde não exista uma bandeira brasileira na janela ou fita verde e amarela. Ontem, os torcedores se reuniram para pintar o asfalto, desenhar mensagens de incentivo à seleção ou mesmo aproveitar o clima cívico para homenagear Ayrton Senna [...]"*. O Circo Voador e a região dos Arcos da Lapa receberam um grande público na hora das partidas, assim como restaurantes esperavam aumento do movimento:

Propaganda de restaurante publicada nos jornais
(Acervo pessoal do autor)

O jornal *O Globo* também relatava o clima entre os torcedores que estavam em São Francisco para acompanhar, *in loco*, a equipe nacional: *"'Uh tererê'. Só podia ser carioca. É o grito das galeras 'funk' tomando conta do futebol e de São Francisco [...]"*. Um outro grupo, cerca de duas mil pessoas, fazia festa ao redor da concentração da seleção brasileira, com direito a instrumentos musicais e muito barulho, o que assustou moradores que não tinham a menor ideia do que estava acontecendo.

A Copa também provocou uma corrida às lojas para a compra de aparelhos de TV. O movimento foi aumentando ao longo do mundial, principalmente a partir de primeiro de julho com a entrada em vigor da nova moeda, o Real, e conforme a seleção avançava na competição. Tudo valia para acompanhar os lances, ao vivo, diretamente dos Estados Unidos.

Depois de uma longa fase de preparação, polêmicas, críticas e desconfianças, a seleção brasileira finalmente iria estrear na Copa em busca do tão sonhado tetracampeonato. O duelo contra a Rússia seria o primeiro da campanha e o Brasil inteiro passaria a acompanhar as contagens regressivas feitas por Zagallo. Por enquanto, faltavam sete duelos para o título.

Fique atento: a partida será transmitida pela Globo, pelo SBT e pela Bandeirantes. Mas se você for um privilegiado e estiver na região de São Francisco, na Califórnia, separe o seu ingresso e embarque rumo a Stanford.

Vista a camisa, leve a bandeira e não se esqueça do protetor solar, pois a Copa vai começar para o Brasil.

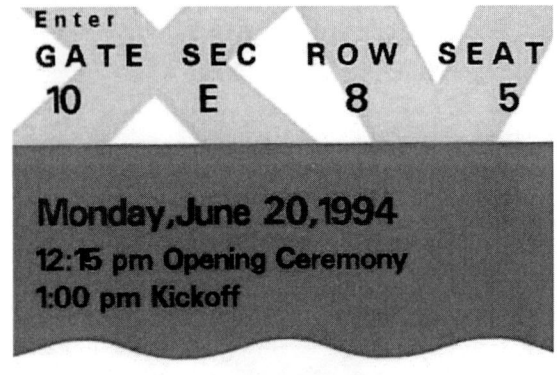

Ingresso do jogo de estreia da seleção
(Acervo pessoal do autor)

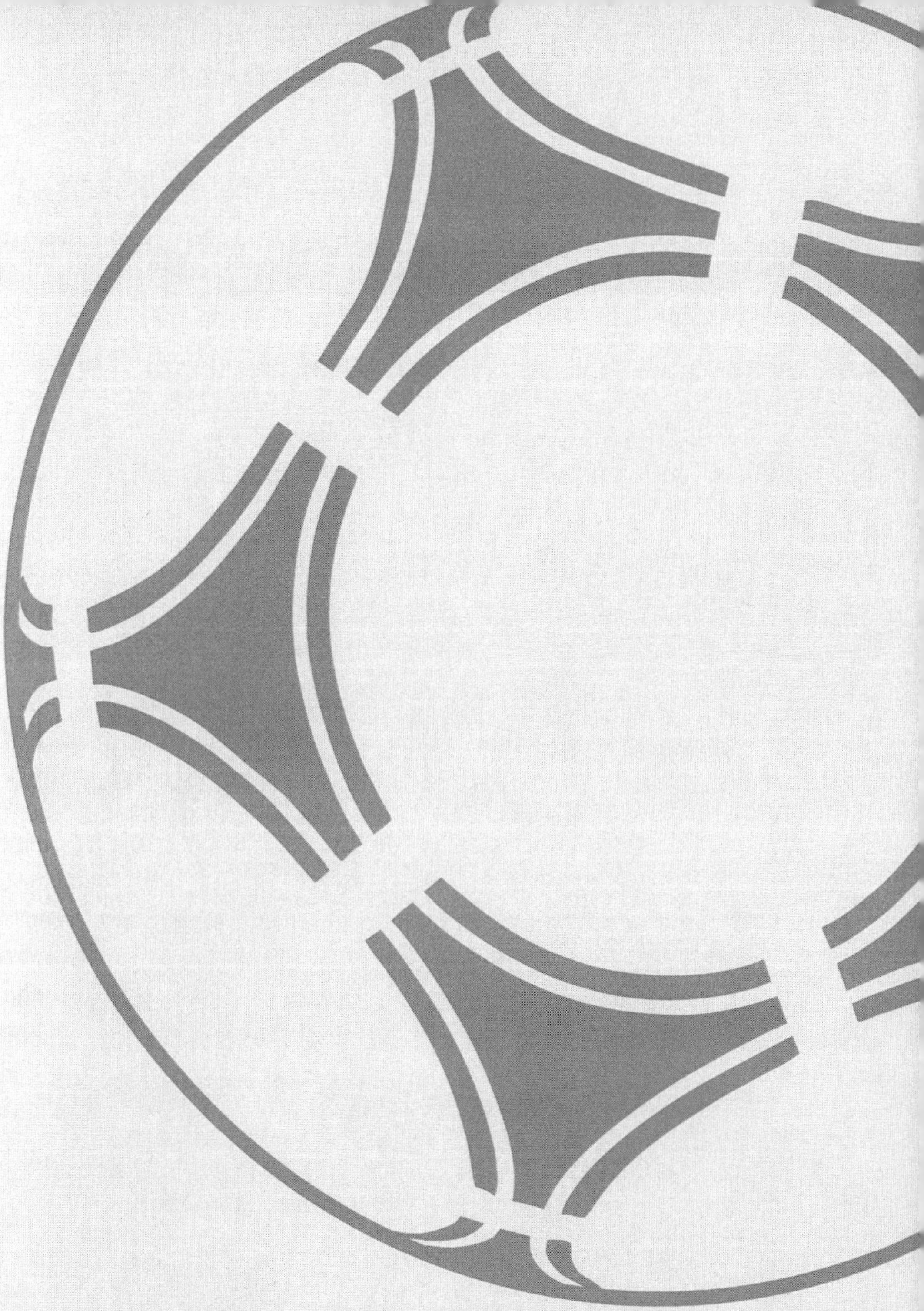

O mundo estava de olho em Romário desde o jogo de estreia
(*Gazeta Press*/Acervo)

4

Estreia convincente
Brasil 2 x 0 Rússia

BRASIL 2 × 0 RÚSSIA – Palo Alto – 20.06.94

Brasil: Taffarel; Jorginho, Ricardo Rocha (Aldair), Márcio Santos e Leonardo; Mauro Silva, Dunga (Mazinho), Raí e Zinho; Bebeto e Romário

Técnico: Carlos Alberto Parreira

Rússia: Kharin; Nikiforov, Gorlukovich, Ternavsky; Khlestov, Kuznetsov, Pyatnitsky, Tsymbalar e Karpin; Radchenko (Borodyuk) e Yuran (Salenko)

Técnico: Pavel Sadyrin

Árbitro: An Yan Lim Kee Chong (Ilhas Maurício)

Gols: Romário (26) no primeiro tempo; Raí (8) na segunda etapa

Público: 86.000

O técnico Carlos Alberto Parreira considerava o duelo contra a seleção da Rússia[49] o mais difícil da primeira fase. Bebeto mandava um recado à torcida: *"Nós vamos até o infinito buscar o tetra"*. Mauro Silva lembra que tinha uma certeza: *"Quando você faz tudo o que foi feito em 1994, tem um grupo tão competitivo, você aumenta as chances de ganhar uma Copa do Mundo, que é uma competição extremamente difícil"*.[50] Zagallo, em entrevista a O Globo, refletia: *"O time é maduro, joga bonito e é de luta"*. Luta não faltou na caminhada do tetracampeonato que começou naquela segunda-feira, 20 de junho. Será que depois de cinco Copas e vinte e quatro anos de espera, o Brasil voltaria ao topo do mundo do futebol?

Minutos antes das 13h, horário local, 17h, no horário de Brasília, as duas equipes entraram em campo no Stanford Stadium, tomado por 86 mil torcedores. A expectativa era enorme, os jogadores não escondiam o nervosismo por causa da estreia e o peso nas costas pela responsabilidade de agradar aos 160 milhões de compatriotas. Com a tradicional camisa amarela, os jogadores entraram em campo de mãos dadas e mostraram ao mundo que estavam mais unidos do que nunca. O lateral esquerdo Branco ainda não tinha condições de jogo e quem começou a Copa como titular na lateral esquerda foi Leonardo. Os russos, do técnico Pavel Sadyrin, estavam orientados a fazer uma marcação implacável, homem a homem. O hino nacional brasileiro ecoou pelas arquibancadas. O calor era um desafio para as duas seleções, mas os europeus sofriam mais.

---

49. A Rússia participava da Copa pela primeira vez desde a dissolução da União Soviética, em 1991. A seleção brasileira já havia enfrentado a URSS duas vezes em mundiais. Brasil 2 x 0, em 1958, e 2 x 1, em 1982.

50. Depoimento ao autor em agosto de 2023.

Primeiro desafio da seleção brasileira na Copa
(*Gazeta Press*/Acervo)

Dado o pontapé inicial, a seleção brasileira se mostrou consistente na defesa, apesar do "descasamento" entre o meio-campo e o ataque, motivo de cobranças a Carlos Alberto Parreira durante toda a Copa. Raí, Bebeto e Romário estreavam bem e davam trabalho ao goleiro Kharin. A marcação homem a homem feita pelos russos fracassou. Em um momento da partida, os adversários ficaram meia hora sem conseguir chegar à meta de Taffarel, que teve pouco trabalho nos noventa minutos.

No primeiro lance de perigo, Romário foi lançado, escapou de dois marcadores, invadiu a área, cruzou para o meio, mas ninguém apareceu para completar. Aos sete minutos, Jorginho brigou pela bola, Dunga aproveitou a sobra, cruzou da direita, Bebeto tentou um voleio, mas pegou mal e chutou longe do gol. Em um ataque russo, a defesa brasileira estava aberta e Tsymbalar invadiu a área pela esquerda, chutou e Taffarel defendeu, tranquilo, com apenas uma mão.

O gol não saía, apesar da pressão brasileira. Aos 26 minutos, Leonardo disputou a bola, tentou cruzar rasteiro, mas o zagueiro jogou para escanteio. Bebeto fez a cobrança da esquerda, a bola passou por Márcio Santos e caiu nos pés de Romário que tocou de leve no canto esquerdo: 1 a 0. O goleiro ficou parado no centro da meta. O "Baixinho" ofereceu o primeiro gol do Brasil na Copa ao pai, Edevair Faria, que tinha sido sequestrado em maio e foi solto sem pagamento de resgate, segundo a versão da família.[51] Aos 30 minutos, Raí e Leonardo trocaram passes e Romário foi derrubado dentro da área por Ternavsky. No entanto, o árbitro, que deixava a partida correr solta, não marcou nada. Um prato cheio para a reclamação dos torcedores.

A dupla de ouro do Brasil perfilada durante o hino nacional
(*Gazeta Press*/Acervo)

Na etapa final, os russos estavam visivelmente extenuados pelo calor californiano e chegaram a fazer faltas duras, tanto é que foram advertidos três vezes com o cartão amarelo (Nikiforov, Khlestov e Kuznetsov). Aos oito minutos, Romário dominou a bola, quase na meia-lua adversária, matou no peito, tocou entre as pernas de um marcador e foi

---
51. Romário cogitou não jogar a Copa, caso o pai não fosse solto até o mundial.

derrubado dentro da área novamente por Ternavsky. O árbitro das Ilhas Maurício, dessa vez, não titubeou e marcou o pênalti. Raí, que começava a Copa como capitão, bateu com categoria no canto esquerdo, enquanto o goleiro Kharin caiu para o outro lado: 2 a 0. Os jogadores que estavam no banco de reservas comemoraram como se o Brasil tivesse ganhado a Copa, o que mostrava a união do grupo. Na sequência, em um contra ataque, Romário aproveitou um cruzamento da direita, mas o goleiro defendeu. O camisa 11 da seleção era um um dos candidatos a craque da Copa.

O técnico russo colocou Salenko, que seria um dos artilheiros do mundial, para tentar surpreender os brasileiros. Em um ataque, Taffarel, pouco acionado, fez boa defesa em um chute de Kuznetsov. Os brasileiros, com triangulações, dificultavam a vida dos adversários. Dunga cruzou, Bebeto chutou à queima roupa e Kharin evitou o terceiro gol ao espalmar a bola para escanteio.

Em um lance no meio de campo, Jorginho dividiu a bola com o adversário e se machucou. Apesar do susto, não foi nada grave, ao contrário da situação de Ricardo Rocha. O zagueiro, chamado de xerife pelos companheiros, sentiu dores no músculo da coxa esquerda, problema que o tirou da Copa. Aldair o substituiu aos 28 minutos da etapa final.

O goleiro reserva, Gilmar Rinaldi, detalha que Ricardo Rocha cogitou abandonar a seleção, mas o convenceu do contrário: *"Eu disse a ele que nós iríamos entrar para a história e aquele título nos marcaria para sempre"*. O zagueiro, que só voltaria a ficar no banco de reservas na final, confirma a história: *"Quando eu me machuquei, meus companheiros pediram para que eu continuasse junto ao grupo, pois seria importante. O grupo estava muito unido, forte e a gente pensava jogo a jogo"*.[52]

A partida entrou em um ritmo mais lento, mas os principais lances de perigo ainda eram do Brasil. Bebeto foi um dos destaques da equipe e merecia ter balançado as redes. Aos 39 minutos, ele chutou da entrada da área, a bola passou debaixo do goleiro que conseguiu se recuperar e fazer a defesa. Aos 46 minutos, no último lance de perigo do duelo, Bebeto,

---

52. Depoimento ao autor em agosto de 2023.

de novo, cabeceou para a defesa do goleiro. Um pouco antes, Mazinho tinha entrado no lugar de Dunga, que pediu para sair depois de levar uma pancada na perna.

O placar não mudou mais: os três primeiros pontos estavam garantidos. No total, foram 17 finalizações brasileiras, sendo que oito chegaram ao gol. Os atletas se cumprimentavam. A responsabilidade de convencer em uma estreia era muito grande.

Raí cobra pênalti e amplia o placar
(*Gazeta Press*/Acervo)

Fim de jogo, o primeiro passo para o tetra tinha sido dado. Pela contagem regressiva de Zagallo: *"faltam seis"*.

Romário, craque da partida, comprovou que fazia toda a diferença na seleção. *"Joguei como na Penha"*, declarou o camisa 11 ao se referir ao local onde disputava peladas na infância. O jornal *O Globo* brincou: *"Vila da Penha 2 x 0 Kremlin"*. A mãe de Romário, Dona Lita, prometeu quebrar uma garrafa de cerveja a cada gol do filho na Copa: a primeira já tinha ido!

Mauro Silva, muito elogiado pela crônica, estava proibido de avançar ao ataque. A função primordial do jogador era defender. O técnico Carlos Alberto Parreira exaltou a coragem da seleção brasileira de segurar a bola em momentos necessários. O treinador elogiou Raí, que subiu de produção na comparação com os jogos amistosos, e disparou: *"Foi um jogo difícil que o Brasil tornou fácil"*. Depois da partida, o *Datafolha* indicou que a aprovação de Parreira estava em 69%.

Raí foi o único jogador brasileiro que concedeu entrevista após a estreia e revelou ter pensado no pai na hora de bater o pênalti. O camisa 10 teve de explicar à imprensa internacional o significado de uma fita verde que usava no pulso direito: *"Isso aqui é para dar apoio à campanha do Betinho (Herbert de Souza) contra a fome [...]"*.[53] Já o lateral Leonardo, assim que saiu do estádio, telefonou ao Brasil para a mulher, Beatriz, com a intenção de perguntar se o filho, Lucas, já havia nascido. Apesar da ansiedade do futuro pai, que estava a mais de 9.000 km de distância, o menino veio ao mundo no dia seguinte ao jogo.

Em texto publicado na *Folha*, Telê Santana, que também era comentarista do SBT, foi taxativo: *"De bom mesmo nesta Copa, só o Brasil"*. O treinador chamava a atenção, no entanto, para o *"divórcio entre o meio-campo e o ataque"*, algo que ficaria mais nítido na partida contra Camarões.

A imprensa americana destacou o que chamava de invasão "verde e amarela" em Stanford. A grande comunidade latina nos Estados Unidos também estava apoiando os brasileiros. Mexicanos e colombianos, principalmente, faziam parte dessa "corrente para frente". Mesmo proibido, o consumo de cervejas nas calçadas era comum, principalmente depois da vitória por 2 a 0 sobre a Rússia.

A festa no Brasil também não foi diferente. Em plena segunda-feira, 30 mil pessoas, de acordo com a Polícia Militar, concentraram-se em frente a um telão no Vale do Anhangabaú, em São Paulo. A Praça da República também recebeu milhares de torcedores no fim daquela tarde. A comemoração não foi diferente no Rio de Janeiro, que teve inúmeras

---

53. *Folha de S.Paulo*, edição de 21 de junho de 1994, pág. 7 (caderno de esportes).

concentrações, como no centro, ao longo da orla de Copacabana e em ruas da Tijuca. O trânsito na Presidente Vargas e nos acessos para a Avenida Brasil ficou travado horas antes da partida.

Em Brasília, o presidente da República, Itamar Franco, assistiu ao jogo no Palácio da Alvorada, mas pouco comemorou, pois ainda estava abalado pela morte do sobrinho, Ariosto Franco.

Uma equipe do jornal *O Globo* acompanhou o jogo com a família de Parreira. A esposa Leila brincou: *"Não me peça para falar de tática. Isso é com o Carlos. Agora, como torcedora, posso dar minha opinião. Adorei a exibição da seleção. Tudo o que o Carlos vinha falando aconteceu no campo. Até mesmo Raí, tão combatido nesse tempo todo e que teve o apoio dele, acabou correspondendo"*. O jornal também registrou a presença de Geny, mãe do treinador brasileiro. Ela também deve ter ficado muito satisfeita, assim como todo o país.

Os primeiros três pontos estavam garantidos e a seleção já era líder do grupo, pois, na véspera, Camarões e Suécia empataram por 2 a 2. Uma vitória brasileira contra os africanos poderia render a classificação antecipada.

O segundo duelo rumo ao tetra não seria fácil.

Manchetes dos jornais (Brasil 2 x 0 Rússia)

Folha de S.Paulo: "Brasil vence a Rússia na estreia"

Estado de S.Paulo: "Brasil começa com vitória e é líder"

O Globo: "Brasil brilha na estreia"

Jornal dos Sports: "Romário ganha a primeira"

Jornal do Brasil: "Brasil vence com futebol de favorito"

Gazeta Esportiva: "Romário comanda a grande estreia"

Em meio a um jogo amarrado, Romário abre o placar
(*Gazeta Press*/Acervo)

5

Mais três pontos
Brasil 3 x 0 Camarões

BRASIL 3 × 0 CAMARÕES – Palo Alto – 24.06.94

<u>Brasil</u>: Taffarel; Jorginho, Aldair, Márcio Santos e Leonardo; Mauro Silva, Dunga, Raí (Müller) e Zinho (Paulo Sérgio); Bebeto e Romário

Técnico: Carlos Alberto Parreira

<u>Camarões</u>: Bell; Tataw, Kalla, Song Bahang e Agbo; Libiih, Foe, Mbouh e Mfede (Maboang); Omam-Biyik e Embe (Milla)

Técnico: Henri Michel

<u>Árbitro</u>: Arturo Brizio Carter (México)

<u>Gols</u>: Romário (38) no primeiro tempo; Márcio Santos (20) e Bebeto (28) na etapa final

<u>Público</u>: 83.401

Os dias que separaram a estreia brasileira do duelo contra os cameroneses foram de otimismo. O técnico Parreira prometeu uma equipe mais ofensiva, apesar de manter no ataque apenas Bebeto e Romário. O treinador cobrou dos laterais Jorginho e Leonardo que partissem com mais velocidade. A ideia era que a equipe atuasse de forma mais adiantada, bloqueando a saída de bola dos velozes adversários. A comissão técnica descartou a escalação de Ricardo Rocha e confirmou o nome de Aldair. O baiano de Ilhéus estava desde 1991 na Roma e não tinha jogado as eliminatórias por causa de uma contusão. Já outros atletas não estavam na melhor forma, como Dunga, Jorginho e Zinho. Enquanto isso, Romário, badalado pela imprensa, avisava os torcedores: *"Cansamos de perder Copas jogando bonito"*. Ele lamentava, no entanto, que os tempos do futebol como espetáculo tivessem ficado para trás. Feliz, mesmo, estava Leonardo com o nascimento do filho Lucas.

Será que teria homenagem para o garoto durante a partida?

Assim que os jogadores brasileiros chegaram ao estádio, integrantes do grupo baiano Olodum deram um "abraço" no ônibus da seleção.[54] Boa vibração nunca é demais!

Os camaroneses, chamados de "leões indomáveis", eram comandados pelo francês Henri Michel[55] e enfrentavam uma turbulência interna. Eles estavam com os salários atrasados havia dois meses e impuseram a escalação do goleiro Bell, ameaçado pelo técnico. O time cogitou, inclusive, não entrar em campo naquele dia. Apesar de não tomarem a atitude extrema, os jogadores não compareceram à preleção de Henri Michel.

No Brasil, os torcedores já estavam no clima de fim de semana, pois a partida começou às 17h, horário de Brasília, daquela sexta-feira, 24 de junho de 1994. Em Palo Alto, no Estádio de Stanford, eram quatro horas a menos e um sol para cada um. Entretanto, a temperatura, de cerca de 24 graus célsius, estava mais amena do que no dia da estreia.[56]

Brasileiros e camaroneses entraram em campo para os protocolos da FIFA: hinos nacionais e a troca de flâmulas. O árbitro mexicano

---

54. Relato do *Jornal dos Sports*, edição de 25 de junho de 1994.

55. Michel foi treinador da França que eliminou o Brasil da Copa de 1986.

56. Informação publicada na *Folha de S.Paulo*, edição de 25 de junho de 1994, pág. 4-5 (caderno de esportes).

Arturo Brizio Carter autorizou o pontapé inicial. A partida começou estudada e muito amarrada. A seleção brasileira parecia desarticulada e não conseguia criar chances de gol. Romário recebeu um passe de Zinho, mas perdeu a bola ao tentar driblar os zagueiros. Em outro lance, Zinho foi derrubado dentro da área e reclamou de pênalti não marcado. O time de Camarões não ameaçava a meta de Taffarel; em um raro lance, Embe chutou por cima do gol brasileiro.

A seleção tocava a bola muito de lado, sem objetividade, o que irritava a torcida e era um prato cheio para os críticos. Aos 38 minutos, Dunga, com muita raça, que não lhe faltou durante toda a Copa, roubou a bola ainda no campo de defesa do Brasil e deu um passe primoroso para Romário. No meio de três adversários, o "Baixinho" invadiu a área e tocou, por baixo, na saída do goleiro Bell.

Ufa! Saiu o primeiro zero do placar.

Romário passa pelos camaroneses para inaugurar o marcador
(*Gazeta Press*/Acervo)

Para o segundo tempo, o técnico brasileiro pediu para Bebeto ficar mais fixo na direita e adiantou Jorginho. A seleção brasileira tentou imprimir um ritmo mais forte sobre o adversário. Em meio ao bom toque de bola, o zagueiro Song Bahang, de apenas 17 anos, o mais jovem em campo, entrou de forma criminosa em Bebeto e foi expulso. O relógio marcava dezoito minutos. O veterano Milla, um dos destaques da Copa de 90, na Itália, já estava se aquecendo e entrou na partida. O atacante passava para a história como o atleta mais velho, até então, a atuar em um mundial: 42 anos.

Aos 20 minutos, Jorginho cruzou da direita e Márcio Santos cabeceou entre três marcadores e estufou as redes: 2 a 0. A partir daí, a seleção de Camarões se desestabilizou e o Brasil passou a dominar o jogo e até a dar espetáculo! Aos 24 minutos, em uma jogada ensaiada da equipe nacional, após uma cobrança de falta, Bebeto chutou e o goleiro mandou para escanteio. A dupla infernal da seleção continuou mostrando as garras e, aos 28, Romário invadiu a área, driblou um zagueiro e tentou chutar, mas a bola foi rebatida pelo goleiro Bell. Bebeto, então, aproveitou a sobra e tocou rasteiro, da direita, para o fundo do gol. O camisa sete comemorou ao lado de Leonardo, que tinha acabado de ser pai. Os dois "embalaram o nenê". *"A gente queria fazer um gol. Tanto ele, para homenagear o filho, quanto eu para homenagear o meu filho que ainda iria nascer. Mas a gente não falou nada um para o outro. Foi um gesto espontâneo mesmo"*, conta Bebeto.[57]

Em todo o duelo, o goleiro Taffarel só foi acionado três vezes. Parreira ainda fez as duas substituições a que tinha direito: tirou Zinho e colocou Paulo Sérgio, enquanto Raí, com rendimento abaixo do esperado, deu lugar a Müller, no momento em que a seleção passou a atuar com três atacantes. A torcida ainda tinha esperança de ver em campo jogadores como Viola e Ronaldo, de apenas 17 anos. Naquele momento, com a saída de Raí, Jorginho recebeu a braçadeira de capitão. O camisa 10 da seleção atribuiu a vitória ao gol "tranquilizador" de Romário na etapa inicial.

---

57. Depoimento ao autor em agosto de 2023.

O árbitro encerrou o jogo e a seleção brasileira comemorou a classificação antecipada para as oitavas de final, com duas vitórias seguidas.[58] A equipe, com seis pontos, precisava de apenas um empate contra a Suécia para ficar em primeiro do grupo, pois os suecos derrotaram os russos por 3 a 1. Apesar do primeiro tempo abaixo do esperado, a seleção teve bons desempenhos individuais. Leonardo, Dunga, Márcio Santos e Bebeto foram os mais elogiados. No caso de Leonardo, o treinador brasileiro já cogitava manter o lateral como titular, mesmo que Branco, em algum momento, tivesse condições de jogo.

O zagueiro Márcio Santos cabeceia forte e faz 2 a 0
(*Gazeta Press*/Acervo)

Na entrevista depois do jogo, Carlos Alberto Parreira, aliviado por mais uma vitória, desabafou: *"Saboreamos camarões fritos, nos classificamos para a segunda fase, evitamos a pressão na partida de terça-feira contra a Suécia e seremos primeiros do Grupo B de qualquer jeito"*. O treinador apontou que Bebeto deu dinamismo ao duelo, principalmente quando

---
58. Apenas Brasil, Argentina e Bélgica ganharam as duas primeiras partidas na Copa.

o jogador foi fixado na direita, movimento classificado pela comissão técnica como "virada tática". O técnico também elogiou a solidez da zaga brasileira que ainda estava invicta. A empolgação tomou conta de Parreira: *"Queremos ganhar todos os jogos. Vamos com tudo para cima da Suécia e o importante é que jogaremos sem qualquer pressão"*.

Na análise de Zagallo, o time melhorou no segundo tempo contra os camaroneses: *"Eles marcam muito bem e provaram isso nesse jogo. Sabíamos que a marcação seria forte, principalmente no campo deles. Mas nós consertamos o time no segundo tempo, com Bebeto mais aberto pela direita. O importante é manter o esquema tático que vem dando certo"*. Zagallo apontava ainda que o bom preparo físico vinha fazendo a seleção suportar bem os confrontos, apesar do calor.

Na contagem regressiva do "velho lobo": *"faltam cinco"*.

O técnico Telê Santana, em mais um artigo na *Folha de S.Paulo*, chamou a atenção para um debate que se ampliaria durante o andamento da Copa: sobre o excesso de jogadores no meio-campo da seleção: *"Foi uma boa vitória, mas poderia ter sido melhor. A seleção brasileira não rendeu tanto quanto no jogo de estreia contra a Rússia, quando o normal seria exatamente o contrário [...]. Para que tantos homens lá atrás? Para que Mauro Silva e Dunga de cabeças de área e Zinho e Raí embolados no meio-campo?"* No saldo do jogo, Mauro Silva, Kalla e Tataw receberam cartão amarelo e Song Bahang, expulso, teve punição justa por causa da violência.

No Brasil, a classificação antecipada fez com que a torcida estendesse a comemoração, afinal, era sexta-feira! Milhares de pessoas ocuparam a Avenida Paulista embaladas por um trio elétrico. O metrô ficou completamente lotado antes e depois da partida. Na Praça da República e no Anhangabaú, também houve concentração de torcedores. Já no tradicional restaurante Mexilhão, a venda de pratos com camarões aumentou na véspera e no dia do jogo.

No Rio de Janeiro, o *Jornal dos Sports* retratou o nervosismo de ilustres torcedores: *"[...] Em Copacabana, no Othon Palace Hotel, a cantora Elza Soares era o retrato do torcedor – fiel, mas angustiado – que só se acalmou após o segundo gol brasileiro. O Rei Momo, 'o Bola', era outro tor-*

cedor de peso no Hotel, apesar de se preocupar um pouco quando gritavam: 'chuta essa bola' [...]". Apesar do inverno brasileiro, milhares de pessoas estavam nas ruas com as cores verde e amarela, em bares, restaurantes, na orla das praias e nas concentrações montadas para a transmissão do jogo. Mônica Faria, mulher de Romário, assistiu à partida em uma churrascaria na Barra da Tijuca e, claro, explodiu de alegria com o gol do marido. Aliás, Romário dedicou o gol ao filho, Romarinho.

A seleção brasileira fez as malas e viajou para Detroit, local do último duelo da primeira fase, contra a Suécia, no Pontiac Silverdome[59], o primeiro estádio coberto a ser usado em uma Copa. Depois do mundial, a grama seria vendida pelos organizadores. Mais de 2 milhões de dólares, ou 272 carros Corsa, da GM (conforme uma comparação feita pela *Folha de S.Paulo*), foram investidos para que o gramado suportasse a ausência de luz natural. O voo até Detroit atrasou uma hora e meia por causa do mau tempo.

Na antevéspera do último jogo da primeira fase, os jogadores pediram uma reunião de emergência com a comissão técnica e reclamaram do esquema rígido de segurança em torno deles e da comida. Parreira amenizava: *"É normal o time estar cansado. A pressão é enorme. Tento manter o nível de concentração e paciência dos jogadores"*.[60] O presidente da CBF, Ricardo Teixeira, chegou aos Estados Unidos em 27 de junho e mandou refazer a foto oficial do grupo.

Agora com a presença dele, claro!

A partida diante dos suecos, adversários de boas recordações do futebol brasileiro no título de 1958[61], não foi nada fácil e reavivou o fervor das críticas feitas à seleção durante as eliminatórias.

A fila de 24 anos sem títulos era realmente pesada!

---

59. O estádio era a casa do Detroit Pistons e foi demolido em 2017.
60. *Folha de S.Paulo*, edição de 28 de junho, pág. 5 (caderno de esportes).
61. Na decisão de 1958, a seleção brasileira derrotou a Suécia por 5 a 2.

Manchetes dos jornais (Brasil 3 x 0 Camarões)

Folha de S.Paulo: "Brasil faz 3 a 0 e passa à segunda fase da Copa"

Estado de S.Paulo: "Brasil é o primeiro a se classificar"

O Globo: "Brasil já está classificado"

Jornal dos Sports: "Que venham os *vikings*. Brasil já tá no embalo"

Jornal do Brasil: "Brasil garantiu vaga com 3 a 0"

Gazeta Esportiva: "Sempre Romário"

Romário é novamente destaque da seleção brasileira
(*Arquivo O Dia*/Marcos Tristão)

6

Chuva de críticas
Brasil 1 x 1 Suécia

BRASIL 1 × 1 SUÉCIA – Detroit – 28.06.94

Brasil: Taffarel; Jorginho, Aldair, Márcio Santos e Leonardo; Dunga, Mauro Silva (Mazinho), Raí (Paulo Sérgio) e Zinho; Bebeto e Romário

Técnico: Carlos Alberto Parreira

Suécia: Ravelli; Roland Nilsson, Patrik Andersson, Kamark e Ljung; Schwarz (Mild), Ingesson, Thern e Henrik Larsson (Blomqvist); Brolin e Kennet Andersson

Técnico: Tommy Svensson

Árbitro: Sándor Puhl (Hungria)

Gols: Kennet Andersson (23) no primeiro tempo; Romário (1) na etapa final

Público: 77.217

Para Romário, o título de tetracampeão iria representar a *"entrada dele na história"* e o "Baixinho" considerava Dunga o jogador mais importante da seleção brasileira.[62] Foi com essa empolgação que o camisa 11 brasileiro partiu para o duelo contra a Suécia. O técnico adversário, Tommy Svensson, fazia a política da boa vizinhança ao declarar que o Brasil vinha apresentando um futebol para vencer a Copa, mas ele admitia que o objetivo era arrancar um empate, apesar do desfalque de Dahlin, artilheiro da equipe, suspenso depois de levar dois cartões amarelos. O treinador apostava em atletas de alta estatura para bloquear os ataques do Brasil e exigia uma marcação implacável.

Já Parreira cogitou poupar titulares, mas escalou a mesma equipe da vitória contra Camarões. O treinador, que ainda sonhava com o retorno de Ricardo Rocha, admitia que dificilmente o zagueiro teria condições de voltar a atuar na Copa. O sistema seria o mesmo: 4-4-2 (quatro defensores, quatro meio-campistas e dois atacantes). Mauro Silva era o único pendurado com cartão amarelo.

A seleção vestiu o uniforme azul[63] para o duelo contra os nórdicos, mesma cor utilizada na final da Copa de 1958, justamente diante da Suécia. Apesar do ar-condicionado dentro do estádio, o Silverdome parecia uma estufa, segundo relato dos jogadores. A temperatura ambiente era de 35 graus célsius.

Terça-feira, 28 de junho de 1994, dia da terceira partida da seleção na Copa. O duelo estava marcado às 17h, horário de Brasília, o mesmo dos jogos anteriores, mas o fuso de Detroit[64] em relação ao Brasil era menor na comparação com São Francisco. O árbitro húngaro Sándor Puhl, que seria escolhido para apitar a final da Copa, autorizou o pontapé inicial no Silverdome.

---

62. Declarações dadas à *Folha de S.Paulo*, edição de 26 de junho de 1994 (capa).

63. Foi a Copa em que a seleção mais vezes usou a camisa azul: nos dois jogos contra a Suécia e diante da Holanda (estatística que leva em conta até o mundial de 2022).

64. Detroit está apenas uma hora atrás de Brasília.

Contra a Suécia, Dunga ainda não era o capitão, mas já liderava o meio-campo (*Gazeta Press*/Acervo)

A seleção brasileira enfrentou um adversário bem organizado, muito marcador e teve dificuldades. Os erros cometidos nas outras partidas ficaram mais evidentes, com lentidão no meio de campo e um excesso de passes sem objetividade. Aos 12 minutos, depois de uma tabela entre os suecos, Ljung chutou para fora. Os jogadores brasileiros, bem marcados, tentavam tiros de fora da área. O predomínio da equipe europeia continuava e, aos 23 minutos, a seleção nacional sofreu o primeiro gol na Copa. Brolin dominou a bola no círculo central, passou por Aldair, que estava muito adiantado, e lançou o gigante Kennet Andersson. Ele dominou no peito, invadiu a área pela esquerda, venceu Mauro Silva e chutou alto, cruzado, sem chances para Taffarel, encoberto. A lateral direita do Brasil não funcionava e faltava criatividade.

Em desvantagem no placar, a seleção teve uma leve melhora: Bebeto chutou de longe, mas Ravelli defendeu. Jorginho tentava imprimir mais velocidade pela direita com cruzamentos na área. A Suécia aproveitava os contra-ataques. Leonardo falhou na cobertura e a bola sobrou para Larsson que chutou para a defesa fácil de Taffarel. Romário estava excessivamente marcado e vinha tentando brigar pela bola a partir da intermediária sueca. Em um chute de fora da área, o camisa onze quase surpreendeu o goleiro e a bola passou raspando a trave esquerda. Raí parecia pesado, lento e teve pouco destaque, assim como Zinho.[65]

A seleção voltou a campo para o segundo tempo com uma mudança: Parreira tirou Mauro Silva e colocou Mazinho para tentar dar mais movimentação no meio de campo e adiantar a marcação. A um minuto e vinte segundos, brilhou novamente a estrela de Romário. Ele recebeu um bom passe de Zinho, invadiu a área e chutou cruzado, de bico, no canto esquerdo de Ravelli. Mais uma vez uma jogada individual do craque aliviou a situação brasileira na Copa. Foi o terceiro gol dele no mundial. A Suécia começou a dar mais espaço. Raí tocou para Romário dentro da área que chutou cruzado, com perigo, mas Ravelli conseguiu interceptar com o pé e a bola foi pela linha de fundo. A equipe brasileira finalmente

---

65. Zico, na transmissão da Bandeirantes, dizia que Zinho estava preso no esquema de Parreira, deveria marcar menos e dar passes com mais objetividade. Maldosamente, ele era chamado de "enceradeira" pela torcida.

estava mais veloz e perdeu boas chances de virar a partida. Após um lançamento para área sueca, a zaga falhou e Romário cabeceou nas mãos de Ravelli. Depois de bons momentos na partida, a seleção voltou a atuar de forma lenta. Aldair deu uma entrada em Brolin e foi advertido com o cartão amarelo.

Aos 38 minutos, o treinador brasileiro resolveu tirar Raí e colocou Paulo Sérgio. A Suécia se arriscava pouco, mas assustou o Brasil. Mild chutou com perigo, depois de pegar um rebote. Quase no fim do difícil duelo, Bebeto cobrou bem uma falta, mas o goleiro adversário defendeu em dois tempos. As dimensões menores do gramado dificultaram a troca de passes dos brasileiros durante toda a partida.

Jogadores comemoram mais um gol salvador de Romário
(*Arquivo O Dia*/Marcos Tristão)

O placar não mudou mais: 1 a 1. O Brasil terminou o grupo na liderança, com sete pontos, e a Suécia em segundo, com seis. Desde 1978, a seleção nacional não empatava um jogo na primeira fase. Em 1982, 1986 e 1990 foram três vitórias consecutivas.

O técnico Carlos Alberto Parreira foi vaiado, principalmente no momento em que colocou Paulo Sérgio em campo. *"Os torcedores podem ser irracionais porque o objetivo deles é só torcer. Não sou burro para colocar mais um atacante para perder nas cabeçadas com a defesa sueca"*, declarou o treinador que se mostrava pragmático. E ele não escondeu a estratégia ao ser questionado na entrevista coletiva: *"Coloquei o Paulo Sérgio no lugar de Raí para segurar o empate, que nos interessava"*. O público gritou, por exemplo, o nome de Ronaldo, que não chegou a ser escalado na Copa. Em meio à desconfiança em relação ao futebol apresentado, a comissão técnica amenizou o resultado ao avaliar que o jogo não passava de um "amistoso".

Raí em ação contra os gigantes da Suécia
(*Arquivo O Dia*/Marcos Tristão)

Uma reportagem do *Estado de S.Paulo* salientou: *"Pelo menos um brasileiro gostou do empate ontem contra a Suécia: Carlos Alberto Parreira, que decidiu manter o time para o jogo de segunda-feira em San Francisco [já pelas oitavas de final]. O gol de Anderson, aos 23 minutos, assustou a torcida, mas não foi suficiente para Parreira mudar a tática [...]"*. Na mesma edição do *Estadão*, o jornalista Armando Nogueira fez um alerta: *"Não foi um drama, mas sofremos. Brasil e Suécia já estavam classificados. Imaginei que seria menos que uma guerra, um passatempo. Não. A Suécia pôs em xeque a fortaleza defensiva de Parreira"*. Entretanto, Parreira mexeria no time ao colocar Mazinho em definitivo no lugar de Raí.

Na análise de Telê Santana, publicada na *Folha de S.Paulo*, o meio de campo brasileiro não funcionou, Dunga foi mal e Zinho esteve muito apagado. Ele cobrava uma melhora do time que estava inexplicavelmente "moroso".

Em depoimento para este livro, o tricampeão Tostão, comentarista da TV Bandeirantes, na época, destacava a alteração de Parreira: *"O Parreira começou com Raí pela direita, nessa linha de quatro pelo meio-campo, mas logo o tirou porque ele não conseguia marcar. Então, colocou o Mazinho, um volante"*.

A saída de Raí frustrou quem queria ver a seleção mais ofensiva. Com a mudança, a braçadeira de capitão ficou com Dunga. Em entrevista aos jornalistas na concentração, o camisa 8 evitou alarde: *"Ser capitão é um grande prazer, mas não penso na individualidade. [...] Sendo capitão ou não, é preciso ter o mesmo comportamento em campo"*.

Sem rodeios, Raí fala sobre a decisão de Parreira de o tirar da equipe e, consequentemente, de deixar de ser o capitão: *"Não tenho nenhuma frustração. Claro que não é a Copa dos sonhos, mas eu vinha de três anos no auge, 1991, 1992 e 1993, com títulos Paulista, Brasileiro, Libertadores e Mundial. Então, é natural você sofrer uma queda física e até mental. Uma pena que isso tenha acontecido na Copa. Passei três anos praticamente sem férias, além dos desafios da minha adaptação ao futebol da França"*.[66]

---

66. Em depoimento ao autor, em agosto de 2023, Raí cita a adaptação ao futebol francês, quando deixou o São Paulo e foi jogar no PSG.

Por outro lado, Mazinho aproveitou a oportunidade com todas as forças. *"Eu acho que a gente sempre está preparado para tudo. Eu tive uma experiência muito negativa no mundial de 90: estava como melhor lateral, mas infelizmente, não joguei nenhum minuto, mas aconteceu o contrário em 94. Eu estava na reserva e as oportunidades foram aparecendo, fui aprendendo, fui me encaixando no sistema do Parreira e tive a oportunidade de substituir Raí. Acho que a gente sempre está em condições de ser titular da seleção"*[67], detalha o ex-jogador.

Apesar do empate contra a Suécia, o sempre empolgado Zagallo fazia a contagem regressiva para o tetra: *"faltam quatro"*. Antes da partida contra a Suécia, o coordenador técnico citava a Copa de 1958 e dizia: 5+8=13. Agora, em 1994, o resultado era o mesmo: 9+4=13!

Quanta superstição!

Os torcedores que acompanharam a seleção em Detroit e os que foram às ruas no Brasil assistir ao jogo em bares, restaurantes e em telões espalhados pelas ruas, ficaram, claro, decepcionados. Em um clube escandinavo, em São Paulo, por exemplo, onde estavam 120 imigrantes ou descendentes, críticas não faltaram à equipe.

A seleção brasileira viajou para Califórnia no dia seguinte e, no desembarque, um ônibus já aguardava os jogadores e a comissão técnica na pista do aeroporto de San José. A ordem era não ter contato com a torcida e a imprensa. Depois, o veículo seguiu para Villa Felice, em Los Gatos, onde a segurança foi reforçada. O técnico Parreira admitiu aos jornalistas que iria mudar o meio de campo da seleção, mas descartava colocar três atacantes. Em artigo publicado pela *Folha de S.Paulo*, Romário argumenta: *"[...] Gostaria de jogar com um ataque formado por três atacantes, mas isto é inviável em um torneio como esse"*.

Zinho, um dos mais contestados, teve uma conversa reservada com Parreira e foi mantido na equipe. O atleta se sentia muito preso ao esquema tático e admitia que o desempenho dele no Palmeiras era melhor. Ricardo Rocha voltou a sentir dores na virilha esquerda e estava definitivamente fora da Copa. Por outro lado, Branco já treinava e tinha

---

67. Depoimento ao autor em setembro de 2023.

condições de entrar em campo, mas Leonardo foi mantido na lateral esquerda. Parreira até testou o camisa 16 no meio do campo.

Os duelos das oitavas de final foram os seguintes: Alemanha × Bélgica, Espanha × Suíça, Suécia × Arábia Saudita, Romênia × Argentina, Holanda × Irlanda, Brasil × Estados Unidos, Nigéria × Itália e México × Bulgária. O predomínio era europeu com dez seleções, enquanto que as Américas estavam representadas por quatro equipes.

Foi às vésperas do duelo das oitavas de final que o treinador brasileiro deu a declaração que *"a fantasia, a magia, o sonho e o show acabaram no futebol"*.

Entretanto, o torcedor nunca desistiu de imaginar um time dos sonhos!

Se você tiver algumas notas de Real sobrando na conta, aproveite para comprar uma TV nova. Ou, se for um privilegiado, viaje para a terra do Tio Sam e aproveite as grandes emoções da Copa.

Propaganda de agência de turismo publicada nos jornais
(Acervo pessoal do autor)

Manchetes dos jornais (Brasil 1 x 1 Suécia)

Folha de S.Paulo: "Brasil empata, leva vaia e enfrenta agora os EUA"

Estado de S.Paulo: "Romário salva um Brasil irritante"

O Globo: "Brasil empata debaixo de vaias"

Jornal dos Sports: "Acorda, Parreira!"

Jornal do Brasil: "Brasil joga mal e é vaiado em empate de 1 a 1 com a Suécia"

Gazeta Esportiva: "Assim o tetra não vem"

Depois de muito sufoco, Bebeto finalmente abre o placar
(*Gazeta Press*/Acervo)

7

Independência e sufoco
Brasil 1 x 0 Estados Unidos

BRASIL 1 × 0 Estados Unidos – Palo Alto – 04.07.94

<u>Brasil</u>: Taffarel; Jorginho, Aldair, Márcio Santos e Leonardo; Mauro Silva, Dunga, Mazinho e Zinho (Cafu); Bebeto e Romário

Técnico: Carlos Alberto Parreira

<u>Estados Unidos</u>: Meola; Clavijo, Balboa, Lalas e Caligiuri; Tab Ramos (Wynalda), Dooley, Hugo Perez (Wegerle) e Sorber; Cobi Jones e Stewart

Técnico: Bora Milutinović

<u>Árbitro</u>: Joel Quiniou (França)

<u>Gol</u>: Bebeto (27) no segundo tempo

<u>Público</u>: 84.147

Se existe uma nação em que o patriotismo sempre foi muito aflorado, essa nação são os Estados Unidos da América. E se existe um momento em que o nacionalismo fica ainda mais exacerbado é no quatro de julho, dia da independência norte-americana. A cultura futebolística até pode não ser grande no país, mas enfrentar a seleção local em data tão simbólica é desafiador e tem um peso diferente. O técnico Bora Milutinovic, nascido na antiga Iugoslávia, tentava mexer com o brio dos atletas dos Estados Unidos. Ele havia recebido uma ligação do presidente Bill Clinton lhe desejando sorte contra os brasileiros. O treinador tinha experiência com equipes estrangeiras: treinou o México, em 1986, e a Costa Rica, em 1990, quando perdeu para o Brasil por 1 a 0.

Do lado oposto, Carlos Alberto Parreira, pragmático e objetivo, mexeu na equipe para o primeiro mata-mata da Copa. Mazinho, novo titular, afirmou na véspera que estava vivendo aquele momento com grande alegria e tinha certeza de que seria escalado como titular por causa dos bons desempenhos nos treinamentos. O noticiário sobre o jogo se misturava com as análises e discussões em relação ao Plano Real, que entrou em vigor em primeiro de julho, uma sexta-feira. O duelo decisivo contra os Estados Unidos foi disputado na segunda-feira seguinte, às 16h30, horário de Brasília. Nervosismo, tensão, sufoco, dúvida, medo, raça e comemoração: o jogo diante dos norte-americanos teve de tudo um pouco.

Seria independência ou morte?

As duas seleções entraram em campo e, no momento do hino americano, houve muito entusiasmo por parte do público presente ao estádio de Stanford. Em meio ao calor, os dois capitães trocaram flâmulas e o árbitro Joel Quiniou, da França, autorizou o pontapé inicial. A seleção voltou a apresentar os mesmos problemas e não fez um bom primeiro tempo. Em inúmeros momentos, os adversários partiram para o ataque e deram trabalho. Mazinho demorou para se encaixar no esquema, mas melhorou a partir da metade do primeiro tempo. No entanto, ele e Jorginho tomaram cartão amarelo com menos de 20 minutos de jogo ao cometerem faltas.

Aos 11 minutos, um susto: Dooley recebeu de Lalas, invadiu a área pela direita, cruzou rasteiro e a bola passou por todo mundo. Por pouco a seleção não saiu em desvantagem no marcador. Já o primeiro lance de perigo a favor da equipe de Carlos Alberto Parreira surgiu aos 22 minutos, em uma jogada com a participação dos dois zagueiros brasileiros. Dunga lançou na pequena área, a zaga americana se adiantou, Márcio Santos, sozinho, tocou para Aldair chutar para fora, praticamente sem goleiro. O Brasil aumentava o ritmo e passava a pressionar mais o adversário. Bebeto deu um voleio, mas a bola saiu pela linha de fundo, pelo canto esquerdo de Meola. Romário também perdeu uma boa chance após driblar um zagueiro e tocar para fora.

O relógio marcava 41 minutos quando houve o lance mais polêmico do jogo e que talvez tenha interferido no futuro da seleção na Copa. Em uma disputa desnecessária de bola na lateral esquerda, Leonardo tentou se desvencilhar de Tab Ramos. Sem olhar para o adversário, o jogador brasileiro desferiu uma cotovelada que acertou o rosto do americano. Leonardo não agiu por maldade, mas foi muito imprudente em uma ação por reflexo. A cena impressiona pela violência. O árbitro não tinha outra alternativa a não ser mostrar o cartão vermelho a ele que vinha fazendo uma boa Copa. O jogador ficou atônito ao ser expulso. Tab Ramos teve uma fratura na cabeça e foi levado para o centro médico da Universidade de Stanford. O substituto foi Wynalda. Mazinho atuou improvisado na lateral esquerda até Parreira colocar Cafu no lugar de Zinho. A torcida e a imprensa esperavam que Branco entrasse na partida.

O clima esquentou no vestiário, conforme relato de Branco para este livro: *"Eu já estava pronto depois de tudo que passei para voltar. Então, imagine como fiquei? Muita gente não sabe, mas, nas três Copas que disputei, sempre estive entre os atletas com melhor condicionamento físico. Quando não entrei no jogo, eu fiquei transtornado. Deu confusão. Criei tumulto. Uma reação natural no momento. Eu queria muito jogar. Vinha sofrendo até com piada de jornalista dizendo que eu iria morrer na praia. Ronaldão me acalmou no vestiário. Depois, o Parreira foi até meu quarto e disse que eu jogaria contra a Holanda"*.[68]

O goleiro reserva, Gilmar Rinaldi, destaca que o mal-estar entre Branco e a comissão técnica foi desfeito: *"Naquela madrugada, Branco bateu à porta do Parreira e do Zagallo, pediu desculpas e falou que estava com a equipe. Aquele momento foi muito difícil"*.[69]

---

68. Depoimento ao autor em agosto de 2023.

69. Depoimento ao autor em agosto de 2023.

No último lance do primeiro tempo, aos 48 minutos, Romário acertou a trave de Meola em um chute de fora da área. Marcado, o camisa 11 passou a buscar mais a bola na intermediária. Na transmissão do SBT, o jornalista Orlando Duarte, um dos maiores especialistas de Copas do Mundo, questionava a manutenção de Zinho como titular, sendo que, para o comentarista, o atleta não tinha na seleção o mesmo rendimento que no Palmeiras.

O "tanque" Mauro Silva disputa bola contra adversário
(*Gazeta Press*/Acervo)

Bebeto relembra o clima de tensão nos vestiários e destaca que fez uma promessa a Leonardo: *"O Leonardo estava chorando no vestiário, sen-*

tado debaixo do chuveiro. Eu entrei e olhei aquele menino que eu tinha visto crescer, um cara fantástico. 'Meu irmãozinho, eu vou fazer o gol da vitória e vamos ganhar de 1 a 0, não fique preocupado'. Ele me abraçou e chorou ainda mais".[70]

Aquele momento no vestiário também foi importante para acalmar os nervos, conforme relato de Jorginho: *"A gente ficou muito preocupado. A gente até conversou no vestiário sobre a questão de 1990. Falamos: 'rapaziada, nós temos um compromisso, a gente não vai sair nas oitavas, nós vamos superar a falta do Leonardo. A gente vai dar o nosso melhor, a gente vai conseguir. A gente vai realmente assim, conquistar esse objetivo'. O segundo tempo, por incrível que pareça, foi melhor do que o primeiro tempo".*

Na etapa final, o Brasil partiu para o tudo ou nada, afinal, era vencer ou vencer para continuar sonhando com o tetra. Em um lance de perigo, Jorginho cruzou da direita, Romário disputou a bola na pequena área com Lalas, o goleiro fez a defesa parcial e o zagueiro evitou o gol. Em outra jogada, o "Baixinho" recebeu dentro da área, encobriu o goleiro, mas a arbitragem assinalou o impedimento. A torcida no estádio pressionava o treinador brasileiro a mexer no time. Aos 13 minutos, Zinho lançou Romário, que driblou Meola, mas, como estava sendo perseguido por dois zagueiros, perdeu o ângulo e chutou para fora.

A torcida estava apreensiva e com razão, pois mesmo com boas chances e a doação da equipe para superar a ausência de Leonardo, as redes ainda não tinham balançado. A jogada que evitou a prorrogação e até mesmo uma eventual disputa por pênaltis começou nos pés de Romário, aos 28 minutos. Ele recebeu a bola no círculo central, já no campo de ataque, foi em direção à área, passando com habilidade pelos adversários e tocou para Bebeto que chutou cruzado no canto direito de Meola: 1 a 0. Finalmente! Na comemoração da dupla, o autor do gol desabafou para o companheiro: *"eu te amo"*. Foi "chorado", como destacou o saudoso Luciano do Valle na transmissão da TV Bandeirantes.

O craque brasileiro, autor do gol salvador, cumpriu a promessa feita a Leonardo. Ao *Estadão*, Bebeto descreveu o agradecimento que fez

---

70. Depoimento ao autor em agosto de 2023.

a Romário: *"Agradeci ao Romário porque a bola que ele me deu foi perfeita, me deixou na cara do gol. [...] Quando eu recebi aquele passe, sabia que tinha de optar rápido, em fração de segundos, porque estava sendo perseguido por alguém, acho que o Lalas"*. Bebeto disse que o goleiro estava esperando um chute forte, mas ele bateu de "chapa" e o surpreendeu. Foi uma decisão tomada em fração de segundos.

Aos 39 minutos, Clavijo foi expulso ao cometer falta em Romário. O duelo estava quase no fim quando o camisa 11 do Brasil chutou de fora da área para mais uma boa defesa do goleiro.

O árbitro encerrou o jogo e chegava ao fim o drama da seleção brasileira, classificada para as quartas de final. Roger Twibell, narrador da rede americana ABC, declarou que os Estados Unidos perderam para "o melhor time do mundo".[71] Ninguém imaginava, de fato, que a seleção pudesse encontrar tantas dificuldades para passar pelos Estados Unidos. Não faltou raça, é verdade, mas poderia ter sido bem mais fácil.

O resultado apertado foi um prato cheio para os críticos do técnico Carlos Alberto Parreira. Até Romário, que deu o passe fundamental para o gol de Bebeto, reconheceu que tecnicamente a seleção teve um mau desempenho e precisava melhorar. Quando os jogadores deixavam o gramado, uma imagem chamou a atenção: Müller falava com o técnico Parreira e gesticulava muito, parecia uma discussão. O atleta, entretanto, afirmou, na época, que eram apenas "coisas da partida". Veículos de imprensa pediram para especialistas em leitura labial tentarem traduzir o que o jogador teria dito. *"Assim não vai dar para ganhar nada"*, seria uma das versões, sempre desmentida pelos envolvidos. Já o treinador brasileiro manteve o discurso otimista ao discordar de que o duelo tivesse sido dramático e de que a seleção nunca esteve em apuros.

Zagallo demonstrava o entusiasmo de sempre e apresentava uma nova contagem regressiva: *"faltam apenas três"*. Para ele, o bom resultado dava moral à equipe. Em relação a Leonardo, a orientação da FIFA era suspender por duas partidas qualquer jogador que levasse o cartão vermelho sem ter sido advertido com o amarelo. A FIFA o puniu com

---

71. Caderno de esportes da *Folha de S.Paulo* de 05/07/1994.

quatro jogos de suspensão, ou seja, estava fora da Copa. Em um gesto de grandeza, o lateral visitou Tab Ramos no hospital e voltou a dizer que não teve a intenção de dar a cotovelada.

Em 2014, Leonardo relembrou a jogada fatídica: *"Foi uma coisa que eu poderia ter evitado? Sim, mas não pensava em dar uma cotovelada na cara dele. [...] Eu pensei em fazer um gesto para pegar no braço dele, mas acabou pegando na cara, atrás da orelha, e ele foi para o hospital. [...] Depois, ficamos amigos e nos falamos algumas vezes por telefone. Certa vez o Milan foi fazer uma turnê nos EUA e um dos jogos era a despedida dele. Foi muito legal ter participado da despedida dele em Nova Iorque [...]".*[72]

Depois da vitória contra os Estados Unidos, a seleção se despede do Stanford
(*Gazeta Press*/Acervo)

A *Revista Manchete* resumiu bem o papel da dupla de atacantes do Brasil: *"Dia de São Romário (e do anjo Bebeto)". "O dia em que precisar fazer chover no Brasil, chamem Romário, que ele resolve. E ainda sobrará tempo para resolver o problema da fome, da miséria, da dívida externa (e*

---
72. https://www.uol.com.br/esporte/futebol/ultimas-noticias/2014/04/22/leonardo-fala-tudo-cotovelada-na-copa-preco-de-lucas-e-relacao-com-ibra.htm

interna), *da criminalidade e, aos domingos e feriados, salvar o Brasil inteiro com seu futebol de superstar"*, exaltava a publicação.

O meia Zinho ressalta que aquele foi um jogo fácil que se complicou: *"A partida contra os Estados Unidos foi complicada porque jogamos com um [atleta] a menos. Era quatro de julho, um dia importante para o povo americano e tinha todo um apelo. Era também o jogo que tinha mais torcida contra a gente. Apesar do nível técnico da seleção brasileira ser bem superior, o gol demorou a sair"*.[73]

No Rio de Janeiro, a esposa de Bebeto lhe agradeceu pelo "gol Mattheus", nome do terceiro filho do casal que iria nascer no dia sete de julho. Enquanto isso, Mônica, mulher de Romário, chorou depois do gol, conforme relato de *O Globo*. No intervalo, ela defendeu que Parreira colocasse mais um atacante. Já os torcedores que acompanharam a partida em um telão instalado na rua Santa Clara, em Copacabana, lamentaram que a seleção tivesse passado um sufoco para vencer os norte-americanos. Em Salvador, cerca de 15 mil pessoas, de acordo com a polícia, dançaram ao som de um trio elétrico no Farol da Barra. No entanto, nem tudo foi festa. Em Uberlândia, Minas Gerais, 20 pessoas se feriram durante as comemorações e 12 foram levadas a um hospital. Muita confusão também na tradicional Rua 46, em Nova Iorque. Cerca de 400 torcedores estavam atrapalhando o trânsito em meio aos festejos pela vitória. A polícia prendeu dois brasileiros por causa do consumo de bebida alcoólica.

A seleção teria pela frente um páreo duríssimo: a Holanda, que venceu a Irlanda por 2 a 0. Nos demais jogos das oitavas, a Bulgária eliminou o México, nos pênaltis, depois de um empate por 1 a 1. Uma cena chamou a atenção: uma das traves precisou ser trocada durante o jogo, no Giants Stadium. O mexicano Bernal se enroscou na rede e uma das hastes do gol se quebrou. Os fotógrafos atrás da meta tentaram improvisar amarrando a rede em uma câmera, mas não deu certo.

A Alemanha estava garantida depois de um grande duelo contra a Bélgica: 3 a 2. A Itália sofreu para passar pela Nigéria, 2 a 1, resultado

---

73. Depoimento ao autor em agosto de 2023.

que veio apenas na prorrogação. A Argentina deu adeus ao mundial ao perder para a Romênia por 3 a 2. Maradona, suspenso por *doping*, chorou copiosamente nas arquibancadas com a desclassificação. Já a Suécia passou pela Arábia Saudita, 3 a 1, e a Espanha venceu a Suíça por 3 a 0.

Os duelos da próxima fase[74] foram os seguintes: Brasil × Holanda, Espanha × Itália, Suécia × Romênia e Alemanha × Bulgária. Eram sete europeus contra apenas um da América do Sul.

A seleção voltou para a concentração em Los Gatos, enquanto que a viagem para Dallas ocorreu no dia seis, uma quarta-feira, sendo que o jogo seria no sábado, no Cotton Bowl, em 9 de julho. A comissão técnica ficou hospedada no hotel DoubleTree.

A imprensa relatava que muitos jogadores demonstravam insatisfação com o desempenho da equipe. Os atletas estavam nos Estados Unidos por mais de 40 dias e o regime de concentração também os irritava. Eles foram proibidos de conceder entrevistas fora de hora e quem quebrasse a ordem tinha de pagar 50 dólares.

Nos treinos para a partida, Branco largou à frente de Cafu para ocupar a lateral esquerda, apesar da preocupação com a falta de ritmo do jogador. Entretanto, o camisa 6 foi confirmado por Parreira para começar jogando o duelo das quartas de final. Já Raí foi testado no lugar de Zinho, mas começaria de novo na reserva. Parreira e Zagallo teriam divergido sobre a possibilidade de utilizar três atacantes. O técnico achava arriscado, já o "velho lobo" acreditava que a mudança daria mais trabalho aos adversários. Prevaleceu, claro, a opinião de Carlos Alberto Parreira. A comissão técnica da seleção avaliava que os holandeses teriam dificuldade na partida por causa do calor em Dallas, principalmente no segundo tempo. Romário falava abertamente com a imprensa e dizia que *"as bolas não estão chegando a mim como deveriam"*, ou seja, reclamava do esquema tático mais defensivo.

O confronto contra a Holanda seria a revanche do mundial de 1974, quando o Brasil perdeu por 2 a 0, em Dortmund, na Alemanha, e

---

74. As seleções de Brasil, Alemanha, Espanha e Suécia estavam invictas.

não conseguiu se classificar para a final. Na época, Zagallo era o treinador da seleção nacional e amenizou o poderio dos adversários. Em 1994, ele mudou o discurso ao destacar que o ataque da equipe europeia era perigoso, mas isso poderia dar espaço para o Brasil.

O duelo, vinte anos depois, teve emoções extremas e foi eleito o melhor do mundial nos Estados Unidos.

Nunca é demais preparar bem o coração!

Manchetes dos jornais (Brasil 1 x 0 EUA)

Folha de S.Paulo: "Brasil leva susto, mas vence EUA"

Estado de S.Paulo: "Seleção brasileira se classifica sem brilho"

O Globo: "Romário salva mais uma"

Jornal dos Sports: "Graças a Deus temos Romário. 'Baixinho' bota Bebeto na cara do gol"

Jornal do Brasil: "Jogada isolada de Romário leva Brasil a Dallas contra a Holanda"

Gazeta Esportiva: "Branco se escala"

Branco corre emocionado depois de balançar as redes holandesas
(*Gazeta Press*/Acervo)

8

Vitória maiúscula
Brasil 3 x 2 Holanda

BRASIL 3 × 2 HOLANDA – Dallas – 09.07.94

<u>Brasil</u>: Taffarel; Jorginho, Aldair, Márcio Santos e Branco (Cafu); Mauro Silva, Dunga, Mazinho (Raí) e Zinho; Bebeto e Romário

Técnico: Carlos Alberto Parreira

<u>Holanda</u>: De Goej; Winter, Koeman, Valckx e Wouters; Witschge, Rijkaard (Ronald de Boer) e Jonk; Overmars, Bergkamp e Peter van Vossen (Roy)

Técnico: Dick Advocaat

<u>Árbitro</u>: Rodrigo Badilla (Costa Rica)

<u>Gols</u>: Romário (8), Bebeto (18), Bergkamp (19), Winter (31) e Branco (36) na etapa final

<u>Público</u>: 94.140

A torcida estava apreensiva e desconfiada em relação às chances da seleção brasileira continuar na Copa. Será que o novo duelo teria sufoco e drama? A tradicional seleção holandesa era a adversária mais forte até então e os questionamentos à equipe de Parreira não faltavam. Branco, substituto de Leonardo, era tido como acabado para o futebol, apesar da experiência de ter jogado os dois últimos mundiais. Com a missão de bloquear Overmars, a imprensa questionava se o jogador brasileiro cumpriria a missão. Carlos Alberto Parreira manteve a linha do meio sem Raí, que começaria mais uma vez no banco de reservas.

Exceto os calções[75], os uniformes das duas equipes eram os mesmos de 20 anos antes na Copa de 1974: o Brasil com camisa azul e a Holanda com a cor branca, com direito aos nomes dos atletas estampados acima dos números. Apesar da temperatura de 35 graus célsius em Dallas[76], no Texas, ventava na hora da partida, o que amenizava a alta temperatura. O jogo estava marcado para as 14h30 (16h30, horário de Brasília) de sábado, 9 de julho. Depois da execução dos hinos, os capitães Dunga e Koeman trocaram flâmulas e cumprimentaram o árbitro Rodrigo Badilla. A imprensa internacional apostava que o vencedor daquele duelo chegaria à final da Copa. A vitória colocaria a seleção brasileira entre as quatro melhores do mundo e passar por uma forte equipe europeia era fundamental para a reta final da competição. Romário[77] alertava que Koeman era um dos jogadores mais perigosos da equipe holandesa. Os dois atuavam juntos no Barcelona.

O jogo começou faltoso e com os dois times se estudando com excesso de cautela. Havia uma marcação muito forte, mas os brasileiros conseguiam tocar melhor a bola. A primeira oportunidade do jogo foi da seleção nacional, em uma cobrança de falta de Branco. Em meio à lentidão do meio de campo, Romário buscava a bola na intermediária. Ele era marcado de forma implacável por Valckx: os dois tinham defendido o PSV, da Holanda.

Aos 25 minutos, Bergkamp cabeceou sozinho na pequena área, mas a bola saiu pela linha de fundo. Na sequência, aos 28, Mazinho chutou da direita e o goleiro fez a defesa. O jogador estava bem e imprimia

---

75. Em 1974, o calção usado pelos brasileiros era azul e pelos holandeses, branco. Em 1994, o Brasil usou calção branco e a Holanda, laranja.

76. Dallas abrigava o centro de imprensa da Copa.

77. Antes do Barcelona, Romário jogou no PSV, da Holanda, de 88 a 93.

boa velocidade. O Brasil dominava as ações no meio de campo e Branco abusava da experiência e, muitas vezes, da malandragem em proteções de bola. O lateral sofreu falta de Winter e teve de ser atendido, enquanto o holandês foi advertido com cartão amarelo. Na melhor chance do primeiro tempo, Zinho cobrou escanteio e Márcio Santos cabeceou: a bola passou muito perto da trave direita. Aos 45, Romário colocou Aldair na cara do gol, mas o zagueiro chutou desequilibrado. Bem recuada, a Holanda conseguiu segurar o empate.

Sem alterações, a seleção brasileira voltou ao segundo tempo aproveitando melhor os espaços. Bebeto colocou Romário na frente do gol, mas ele não conseguiu dominar. Zinho estava melhor e ajudava a bola a chegar ao ataque com mais rapidez. Aos oito minutos, contra-ataque fulminante do Brasil e as redes finalmente balançaram no Cotton Bowl. Aldair fez uma antecipação perfeita no campo de defesa e lançou Bebeto na esquerda, de forma magistral. O camisa sete avançou e rolou a bola a meia altura para Romário pegar um "sem-pulo" perfeito. Golaço! Bebeto devolveu ao "Baixinho" o passe para o gol diante dos Estados Unidos. A seleção de Parreira manteve o ritmo e, aos dez minutos, Jorginho deu um belo passe para Bebeto que avançou, chutou, mas a bola caprichosamente triscou a trave direita de De Goej. Em seguida, Romário passou por Valckx, mas o chute parou nas mãos do goleiro.

Aos 18 minutos, a seleção brasileira ampliou o placar em um lance que gerou reclamações dos adversários. De Goej repôs a bola e Branco cabeceou para a intermediária holandesa. Romário "se fez de morto", pois estava adiantado, e os zagueiros ficaram parados, achando que a jogada não valeria. Enquanto isso, Bebeto não perdeu tempo, partiu sozinho para a área, driblou o goleiro e chutou para o fundo das redes. Ele, Romário e Mazinho comemoraram mais um gol "embala nenê" na Copa. Dessa vez, foi uma homenagem a Mattheus, filho do camisa 7 do Brasil. *"Só tive o trabalho de driblar o goleiro e tocar para o gol"*, relembrou Bebeto depois da partida. Décadas depois, o craque brasileiro relembra que pediu ajuda "divina" para poder homenagear o filho: *"Eu fui orar e pedir a Deus que me desse uma oportunidade de fazer um gol para o meu filho. A ideia era homenagear minha esposa e meu filho, né?"*

Bebeto e Romário arrasam a defesa da Holanda
(*Gazeta Press*/Acervo)

A seleção brasileira não soube aproveitar a vantagem no placar e se acomodou em campo. Aos 19 minutos, Márcio Santos não conseguiu parar Dennis Bergkamp, que invadiu a área e chutou na saída de Taffarel: 2 a 1. O técnico Dick Advocaat tirou Rijkaard e colocou Ronald de Boer, irmão gêmeo de Frank de Boer (que estava na reserva). A Holanda aumentou a pressão e, em um erro de saída de bola do Brasil, Jonk chutou e Taffarel defendeu. Os adversários abusavam das jogadas duras: Wouters deu uma pancada em Bebeto que ficou caído e precisou ser atendido. Em outro lance de perigo, Winter chutou de fora da área e o goleiro brasileiro espalmou. Dunga foi advertido com cartão amarelo ao segurar a camisa de um marcador.

Aos 31 minutos, depois da cobrança de escanteio da esquerda, Winter cabeceou na pequena área, em cima de Taffarel, e empatou o duelo: 2 a 2. Foi uma pane na defesa brasileira, desestabilizada pela pressão holandesa. A equipe de Parreira precisava de forças para buscar novamente o resultado. Ao relembrar a partida, Márcio Santos é taxativo: *"Poderíamos ter evitado os dois gols. Nosso time estava bem, mas em um momento relaxamos e a Holanda empatou. Após o empate, nós olhamos um para a cara do outro e entendemos que precisávamos voltar para o jogo".*[78]

Felizmente a seleção voltou para o jogo!

Aos 32, Branco levou perigo em cobrança de falta: De Goej espalmou. O técnico brasileiro mandou Raí para o aquecimento e ele entrou no lugar de Mazinho.

Mazinho, Bebeto e Romário "embalam o nenê"
(*Arquivo O Dia*/Marcos Tristão)

O lance decisivo da partida veio aos 36 minutos. Branco, experiente, passou por Overmars e, na sequência, foi derrubado por dois jogadores: Winter e Jonk. Branco ajeitou a bola, tomou distância e mandou um petardo. Romário se afastou da trajetória da bola que entrou como um foguete no canto esquerdo de De Goej: 3 a 2. Visivelmente emocionado, o lateral brasileiro foi abraçar o médico Lídio Toledo no banco de reservas.

---

78. Depoimento ao autor em agosto de 2023.

O guerreiro Branco cava a falta: lance decisivo do duro duelo
(*Gazeta Press*/Acervo)

Com muita raça e boa marcação, a seleção brasileira fez de tudo para garantir o resultado. Já a Holanda praticamente sumiu no jogo depois do terceiro gol. Wouters levou um cartão amarelo por reclamação. Romário ainda foi derrubado dentro da área, mas o árbitro não marcou pênalti. Já nos descontos, Cafu entrou no lugar de Branco que saiu aplaudido pela torcida brasileira no Cotton Bowl.

Ao apito final, os jogadores reservas invadiram o gramado. Viola segurava a bandeira brasileira. Vitória convincente da seleção e diante de um grande adversário europeu. Apesar de deixar a Holanda empatar, a equipe não se desesperou e foi para cima com o brilho da estrela de Branco. Zagallo comemorava uma vitória pessoal diante da Holanda e fazia contagem regressiva: *"só faltam dois"*. Ele deixou o estádio com a bola do jogo "escondida" dentro do agasalho e declarou: *"Peguei a bola para mim. Que se dane o juiz"*.

Aquela partida representou uma vitória pessoal de Zagallo, como conta o ex-goleiro reserva Gilmar Rinaldi: *"Não sei como, o Zagallo conseguiu uma camisa da Holanda e a bola do jogo. Ele entrou no vestiário totalmente transtornado. Acho que foi a vez que eu o vi mais transtornado.*

Jogou a camisa no chão, ele pulava e falava: 'nós nos vingamos'. Porque aquele jogo de 1974, quando a Holanda eliminou o Brasil, ele ainda não tinha engolido [o resultado]". [79] O técnico Carlos Alberto Parreira faz questão de exaltar a figura de Zagallo: *"Ele era o símbolo da vitória, um profissional que tinha sido tricampeão do mundo. Aquela presença era muito marcante, emblemática e carismática. Os jogadores o respeitavam e ele emanava o tempo todo um clima positivo de vitória. Zagallo sempre foi muito positivo: 'vamos ganhar, vamos ganhar, vamos ganhar...' Isso aí acabava entusiasmando todo mundo. Eu fui um cara privilegiado por ter ao meu lado em uma Copa alguém do tamanho do Zagallo".*[80]

A última vez em que a seleção tinha ficado entre as quatro melhores da Copa foi em 1978, na Argentina. Ou seja, já era a melhor campanha dos últimos dezesseis anos. Depois da vitória redentora, a imprensa amenizou as críticas à seleção. O *Jornal dos Sports* ironizou a "laranja mecânica": *"Brasil só deixou o bagaço"*. *"Foi o primeiro jogo de gente grande e o Brasil mostrou que, apesar dos defeitos do seu treinador, tem time para chegar à final. O 3 a 2 contra a Holanda revestiu-se daquela dramaticidade que só jogos de Copa são capazes de criar"*, ressaltou a *Folha de S.Paulo*. Sobre o gol salvador de Branco, a publicação detalhou: *"O lateral-esquerdo Branco batizou o seu gol de 'Cala a boca'. Depois do gol, Branco correu para abraçar o médico Lídio Toledo, que o assistiu na recuperação das dores lombares que sentia".*

"Fui para o jogo ainda sob desconfiança. Falaram que o Overmars iria deitar em cima de mim. Fiz um grande jogo e ele teve que me marcar o tempo todo. Quando a Holanda empatou o jogo, eu lembrei de 90. Não vou ser eliminado de novo, pensei. O jogo estava muito difícil. O gol só sairia em uma situação de bola parada, pênalti. A gente não trocava três passes. Eu cavo a falta e o resto é história", revela o jogador em depoimento para este livro.

O técnico Carlos Alberto Parreira não perdeu a chance de elogiar o lateral-esquerdo da seleção: *"Lembro que também fui muito atacado por que-*

---

79. Depoimento ao autor em agosto de 2023.

80. Depoimento ao autor em agosto de 2023.

rê-lo na equipe". O treinador afirmou que o time mais uma vez apresentou muita qualidade em campo e classificou a partida como dramática.

Os ex-jogadores são unânimes em afirmar que a vitória no duelo contra a "laranja mecânica" foi decisiva para as pretensões brasileiras na Copa: *"Não foi apenas a melhor atuação do Brasil até agora, mas a maior atuação de um time nesta Copa"* (Romário). Ao relembrar a campanha brasileira em 1994, Mauro Silva fez questão de destacar: *"O jogo, para mim, mais difícil foi contra a Holanda. Muita gente fala também do jogo contra os Estados Unidos, [...] mas era um jogo que estava, na minha ótica, um pouco mais controlado. Contra a Holanda, depois que você está ganhando por 2 a 0 e a seleção da Holanda empata, para mim, ali claramente você vê uma seleção na linha ascendente e outra na linha descendente. [...] Foi o momento mais crítico para mim. [...] Felizmente aquele gol salvador do Branco ajudou a gente a passar e a eliminar a seleção da Holanda que é sempre um time muito complicado em Copas"*.[81]

Raí, que entrou durante a partida, avalia que foi durante os jogos eliminatórios que começou a nascer a equipe campeã: *"O time nos jogos eliminatórios mostrou toda a sua força, sua competitividade, sendo um time guerreiro e foi passando por todos os obstáculos. E o grande jogo da Copa foi Brasil e Holanda, um jogaço, com cinco gols e o Brasil mostrou que não só se defendia bem, mas podia fazer muitos gols. Então, foi se moldando o grupo campeão mundial"*. O zagueiro Ronaldão analisa que a vitória contra os holandeses foi decisiva para a conquista do tetra: *"Ali, nosso grupo realmente foi testado. A confiança aumentou muito e nós partimos com tudo para o título"*.[82]

---

81. Depoimento ao autor em agosto de 2023.

82. Depoimento ao autor em outubro de 2023.

Mesmo na reserva, Raí é acionado e entra em campo com muita determinação
(*Gazeta Press*/Acervo)

O técnico Carlos Alberto Parreira, na entrevista coletiva depois do duelo, rebateu os críticos: *"Acho engraçado dizerem que o Brasil joga à europeia. Por que não falar, então, que os europeus é que tentam jogar à brasileira? Nossa seleção nunca mudou o seu estilo. Não joga com bola pingada pelo alto, mas tocando pelo chão".* Irritado com as mesmas perguntas, o treinador afirmou que um dia, quem sabe, os europeus vão conseguir imitar o futebol brasileiro.

No Brasil, a festa pela classificação foi bem maior na comparação com as comemorações dos outros dias de jogos. Afinal, era sábado e milhares de pessoas foram às ruas ou se reuniram com familiares e amigos. No Estado de São Paulo também era feriado[83], o que ainda incrementou os festejos. *O Estadão* registrou uma cena curiosa na hora do jogo: em Itaquera, na zona leste da capital paulista, 25 mil pessoas estavam em uma fila de cinco quilômetros para obter um telefone da Telesp! Eles atenderam a uma convocação do plano de expansão da empresa. Será que não tinha como mudar a data? Em meio ao frio, a solução foi impro-

---

83. Feriado da Revolução Constitucionalista de 1932.

visar, ouvindo o rádio ou assistindo ao duelo em uma TV portátil. Em Holambra, interior de São Paulo, a população estava dividida, sendo que os mais velhos torceram para a Holanda. Mas, ao final, foi uma festa só.

A adversária da seleção brasileira seria, de novo, a Suécia, que derrotou a aguerrida Romênia nos pênaltis depois de um empate por 2 a 2. Destaque para o goleiro Ravelli que defendeu as cobranças de Petrescu e Belodedici. Já a Alemanha foi surpreendida pela Bulgária, da dupla Stoichkov e Letchkov, ao perder, de virada, por 2 a 1. A atual campeã, que tinha chegado à finalíssima das três últimas Copas (1982, 1986 e 1990), dava adeus ao título. A Itália também ficou com uma das vagas, após vitória sobre a Espanha por 2 a 1. No entanto, o jogo teve um lance polêmico: Mauro Tassotti deu uma cotovelada no rosto de Luiz Henrique. O árbitro não marcou pênalti e nem expulsou o atleta italiano. Luiz Henrique teve o nariz quebrado e saiu de campo ensanguentado. Depois, a FIFA suspendeu Tassotti por oito partidas.

Os duelos das semifinais estavam definidos: Itália × Bulgária e Brasil × Suécia. Somente as seleções brasileira e sueca, que já tinham se enfrentado na primeira fase, estavam invictas, sendo os comandados de Parreira os únicos com quatro vitórias.

O presidente Itamar Franco enviou felicitações para Ricardo Teixeira, da CBF. *"Por mais esta magnífica vitória da seleção, recebam, jogadores e comissão técnica, o nosso renovado aplauso e a certeza de que todos os brasileiros confiam plenamente na capacidade da nossa equipe e na inquebrantável esperança de conquista da vitória final"*, era o texto da mensagem. Por outro lado, o capitão Dunga começou a ficar preocupado com o clima de "já ganhou" e fazia questão de alertar os companheiros. *"Nosso time tem muita experiência, sabe o que fazer para se adaptar ao estilo de cada equipe"*, ressaltou aos jornalistas.

A seleção brasileira não retornaria mais para Los Gatos, na Califórnia, e a CBF começou a desmobilizar a concentração depois de mais de quarenta dias. Sharon Peoples, que era a recepcionista do hotel Villa Felice, não escondia a tristeza. De acordo com o *Jornal dos Sports*, ela montou um álbum de fotos dos jogadores, além de ter recebido uma camisa autografada por Zinho. O embarque de Dallas para Los Angeles se deu no dia 10 de julho e a última casa da seleção nos Estados Unidos foi o hotel Marriott, da cidade de Fullerton, ao lado de Los Angeles, com distância de 48 km até o Rose Bowl.[84] O local foi escolhido pela CBF por estar próximo da California State University, onde o Brasil faria os últimos treinos até a finalíssima.[85] Um destaque negativo daqueles dias foi a multa que a comissão organizadora da Copa aplicou a Taffarel no valor de 6.800 dólares. O motivo: o tamanho da logomarca da luva usada pelo goleiro era maior do que o permitido.

Procuravam pelo em ovo!

Os jogadores brasileiros, como Aldair, temiam a baixa estatura da seleção nacional: média de 1,76 m, contra 1,84 m dos suecos. Romário, em tom de brincadeira, dizia que, se tivesse chance, iria marcar um gol de cabeça. A ordem de Parreira era para que quando o adversário fosse favorecido com escanteios, apenas Bebeto e Romário estariam autorizados a não ajudar na marcação. O treinador prometia mais ousadia e afirmava que a dupla de ataque da seleção era a melhor desde Pelé e Tostão, na Copa de 1970. O preparador Moraci Sant'Anna avaliava que os atletas brasileiros tinham o melhor preparo físico. Ele apostava que os suecos chegariam cansados, pois tinham conseguido a classificação contra a Romênia na cobrança de pênaltis, depois de 120 minutos de futebol.

Em jogo, estava o sonho da seleção brasileira de voltar a disputar uma final de Copa depois de 24 anos!

Manchetes dos jornais (Brasil 3 x 2 Holanda)

Folha de S.Paulo: "Brasil vence e passa à semifinal"

Estado de S.Paulo: "Brasil derrota a Holanda, vinga 74 e garante participação nas semifinais"

O Globo: "Garra leva à semifinal"

---

84. Estádio localizado em Pasadena, cidade que fica 15 km ao norte de Los Angeles.

85. A semifinal e a final seriam disputadas no Rose Bowl, por isso, a CBF decidiu se despedir da concentração em Los Gatos.

Jornal dos Sports: "Seleção lava a alma da torcida"

Jornal do Brasil: "Seleção brilha e chega às semifinais"

Gazeta Esportiva: "O tetra está perto"

Romário salta entre os gigantes suecos e marca o gol da vitória
(*Gazeta Press*/Acervo)

9

Um pequeno gigante
Brasil 1 x 0 Suécia

BRASIL 1 × 0 SUÉCIA – Pasadena – 13.07.94

<u>Brasil</u>: Taffarel; Jorginho, Aldair, Márcio Santos e Branco; Mauro Silva, Dunga, Mazinho (Raí) e Zinho; Bebeto e Romário

Técnico: Carlos Alberto Parreira

<u>Suécia</u>: Ravelli; Roland Nilsson, Patrik Andersson, Björklund e Ljung; Thern, Ingesson, Mild e Brolin; Dahlin (Rehn) e Kennet Andersson.

Técnico: Tommy Svensson

<u>Árbitro</u>: José Joaquín Torres Cadena (Colômbia)

<u>Gol</u>: Romário (35) no segundo tempo

<u>Público</u>: 91.856

O sonho da seleção de voltar a uma final de Copa depois de 24 anos ganhou um ar nostálgico na tarde daquela quarta-feira, 13 de julho de 1994. Brasil e Suécia entraram em campo já sabendo que a Itália estava classificada para a decisão, após derrotar, naquele mesmo dia, a Bulgária por 2 a 1, com dois gols de Baggio. Ou seja, se a equipe de Carlos Alberto Parreira passasse pelos suecos, o mundo iria assistir à reedição da finalíssima de 1970.

O duelo no Rose Bowl[86], em Pasadena, na Califórnia, começou às 16h30 (20h30, horário de Brasília). A seleção brasileira vestia todo o conjunto do uniforme na cor azul, ao contrário do jogo da primeira fase em que os calções eram brancos. Já os suecos não utilizaram o amarelo, optaram pela camisa branca.

O técnico Parreira escalou a mesma equipe que derrotou a Holanda e prometia mais ofensividade. Apesar de Ricardo Rocha já estar disponível, o treinador não quis mudar a dupla de zaga que vinha jogando bem. Márcio Santos foi encarregado de marcar o grandalhão Kennet Andersson, autor do gol contra o Brasil na primeira fase. A vitória valeria 60 mil dólares para cada jogador brasileiro, metade do valor prometido por duas empresas patrocinadoras em caso de conquista do tetracampeonato. No entanto, o clima de já ganhou não fazia parte daquele grupo que estava cada vez mais unido e focado no título. Já o técnico Tommy Svensson, que como atleta defendeu as cores da Suécia na Copa de 1970, preferiu adotar a cautela ao recuar dois meias. Ou seja, era melhor não se arriscar no ataque.

---

86. Mesmo palco da final da Copa.

Com uniforme azul, a seleção posa para foto no jogo contra a Suécia
(*Gazeta Press*/Acervo)

Os capitães Dunga e Thern se cumprimentaram, trocaram flâmulas e o árbitro colombiano autorizou o início do espetáculo, disputado com temperatura média de 35 graus. A seleção brasileira partiu para o ataque e, na primeira chance, Romário chutou de fora da área e Ravelli espalmou. Logo depois, Zinho fez falta em Brolin e foi advertido com o cartão amarelo. Aos seis minutos, Branco cobrou falta de longa distância e levou perigo à meta adversária. O goleiro adversário fez a defesa em dois tempos.

A Suécia estava retraída, enquanto o Brasil imprimia a velocidade tão cobrada pela torcida nos últimos jogos. Branco, Zinho, Bebeto e Romário faziam boas triangulações. Taffarel era pouco exigido, mas teve de se esticar depois de um chute de fora da área. A pressão aumentava: aos 12, Romário tocou para Bebeto que colocou Zinho na cara do gol, mas ele chutou para fora.

A seleção brasileira bloqueava bem o avanço dos suecos e conseguia impedir os contra-ataques. Uma das preocupações era Dahlin, que não tinha atuado no confronto da primeira fase e era bom cabeceador. Em uma das melhores chances do primeiro tempo, Romário recebeu a bola na meia-lua, invadiu a área, passou por um marcador, driblou o goleiro, mas o camisa 3 da Suécia salvou em cima da linha. Ao aproveitar a sobra, Mazinho chutou com força e a bola balançou as redes, só que pelo lado de fora; o jogador ficou por alguns segundos encostado na trave como se não acreditasse.

Que lance!

O domínio da seleção continuava, com Branco apoiando bem, enquanto a Suécia apelava para as faltas. Ljung recebeu cartão amarelo por uma entrada em Mazinho. Em mais lance de perigo, Romário, solto, invadiu a área e chutou cruzado, para fora. Bebeto também se movimentava bem e, ao arrancar pela esquerda, colocou o "Baixinho" na cara do gol. O camisa 11 do Brasil perdeu o passo e chutou para fora depois de Ravelli fechar bem o ângulo. O placar era injusto por causa do maior volume de jogo da equipe nacional que, nitidamente, vinha evoluindo na Copa.

Aos 40 minutos, Mazinho arriscou de fora da área e o goleiro sueco "bateu roupa", mas conseguiu evitar o rebote. A dupla de zaga do Brasil estava segura e fazendo boas antecipações. O primeiro tempo terminou com uma supremacia massacrante da seleção nacional: 14 chutes contra apenas um do adversário.

Faltou o gol!

A equipe de Carlos Alberto Parreira voltou com uma modificação para o segundo tempo: Raí entrou no lugar de Mazinho. O técnico brasileiro queria reforçar o ataque e aproveitar a altura do camisa 10 do Brasil em jogadas na área. No primeiro lance, em uma tabela com Romário, Raí recebeu na pequena área e dividiu a bola com o goleiro Ravelli, que levou a melhor. A Suécia voltou mais adiantada, tentando cruzamentos na área e reduzindo os espaços para o Brasil. Romário estava mais marcado do que no primeiro tempo.

Aos nove minutos, Zinho chutou de longe e Ravelli fez uma grande defesa. A seleção de Parreira pressionava e os atletas suecos pareciam cansados, consequência da prorrogação contra a Romênia nas quartas de final. Para complicar, o time ficou com um jogador a menos depois que Thern foi expulso por entrada violenta em Dunga. Na sequência, Romário chutou de fora da área, o goleiro deu rebote, Zinho entrou na disputa com um zagueiro, mas a bola foi para fora. Ravelli saiu saltitando e fazendo careta para as câmeras postadas atrás do gol em um momento de descontração da partida. Na transmissão do Sportv (veja mais no capítulo 11), o comentarista Sérgio Cabral[87] o chamou de "presepeiro".

Os jogadores brasileiros estavam nitidamente impacientes, pois não conseguiam chegar ao gol e parte da torcida presente ao estádio começou a ensaiar vaias. Seria hora de Parreira colocar mais um atacante? Os lances desperdiçados na etapa inicial estavam fazendo falta. Não adiantava pensar na Itália sem antes passar pela Suécia. Aliás, os adversários estavam fechados, pareciam um "ferrolho". Em um raro ataque, aos 29 minutos, Taffarel defendeu com firmeza um chute de fora da área. O capitão brasileiro, Dunga, confessou depois que só usou o pé esquerdo nos tiros de longa distância, pois estava sentindo o músculo da perna direita.

Nervosismo, angústia e apreensão: o relógio era inimigo das pretensões da seleção de chegar à final da Copa do Mundo. O gol salvador veio aos 36 minutos e da forma mais improvável. Bebeto tocou para Jorginho na direita e o lateral avançou e cruzou com perfeição. Com 1,68 m de altura, Romário, que estava no meio de dois gigantes suecos na linha da pequena área, cabeceou para o chão e a bola, finalmente, balançou as redes do Rose Bowl. Ravelli não teve reação e ficou parado no meio do gol. Demorou, mas saiu o primeiro zero do placar. Resultado magro, é verdade, mas importantíssimo. Luciano do Valle, na transmissão da TV Bandeirantes, desabafou: *"Finalmente o que queríamos"*. Realmente era o que 160 milhões de torcedores queriam. *"Aquele gol foi prova de que realmente você não precisa ser grande, não precisa ter mais de 1,80 m para fazer gol de cabeça, você tem que estar posicionado certo, no momento certo. Algumas pessoas me chamam de metido, de marrento, de arrogante, mas*

---

87. Jornalista, escritor e um dos maiores conhecedores de música do país. Pai de Sérgio Cabral, ex-governador do Rio de Janeiro, envolvido em corrupção.

dentro da área eu era o melhor", afirmou Romário em entrevista à TV Globo em 2018.

Sempre muito marcado, Romário tentava buscar os espaços
(*Gazeta Press*/Acervo)

A seleção continuou no ataque e perdeu boa chance com Bebeto, que tentou surpreender Ravelli, por cobertura. Na sequência, Romário recebeu de Raí, de cabeça, pegou de "bate-pronto" e deu um susto no goleiro da Suécia. Nos últimos instantes do jogo, Brolin recebeu cartão amarelo por reclamação e, aos 45 minutos, a zaga brasileira cortou bem o cruzamento na área, depois da cobrança de falta.

Fim de jogo: placar justo, mas que poderia ter sido bem mais amplo, afinal foram 25 finalizações contra apenas duas da Suécia. Depois de 24 anos, a seleção estava de volta à finalíssima da Copa. Assim como em 1970, quando o Brasil conquistou o tricampeonato inédito, pela primeira vez o futebol mundial teria um tetracampeão. Os jogadores se abraçavam e comemoravam a classificação no gramado do Rose Bowl, que teria uma festa ainda maior quatro dias depois. Zagallo fazia a última contagem regressiva da Copa: *"Só falta um"*.

A imprensa se rendeu ao bom desempenho da seleção ao salientar que os meias, finalmente, estavam mais conectados com os atacantes. A dupla Bebeto e Romário somava oito gols. Para o técnico Parreira, a equipe conseguiu anular bem as jogadas pelo alto do adversário. O treinador estava em dúvida se colocaria Raí desde o início do duelo final. Entretanto, ele resolveu manter Mazinho. Já Zagallo fez um desabafo: *"Eu sei que tem muita gente que não gosta de mim. Mas vai ter que me engolir agora".*[88]

Na capital paulista, apesar do frio, que contrastava com Pasadena nos Estados Unidos, milhares de pessoas foram assistir ao jogo em telões na região central. Para esquentar, os ambulantes vendiam cachaça. No Rio de Janeiro, a reportagem do *Jornal do Brasil* acompanhou dois craques de 1958, Vavá e Orlando, em uma confraria em frente ao Consulado da Suécia. De acordo com a publicação, *"[...] Durante quase todo o jogo Brasil e Suécia, um silêncio sofrido tomou conta da cidade. Depois da vitória, buzinas, cornetas, bandeiras e gritos [...]. Cerca de quatro mil pessoas festejaram a vitória na esquina da Avenida Atlântica com a Rua Miguel Lemos, em Copacabana, onde assistiram ao jogo em um telão de 2,40 metros de largura por 1,90 metro de altura, animados pela bateria e pela ala das baianas da escola de samba Unidos da Tijuca [...]".*

A Suécia voltou a campo no sábado, 16 de julho, e goleou a Bulgária por 4 a 0, no Rose Bowl, e ficou com o terceiro lugar. O placar foi construído no primeiro tempo: gols de Brolin, aos 8, Mild, aos 30, Larson, aos 37, e Kennet Andersson, aos 40. Foi a melhor colocação dos suecos desde 1958, quando ficaram em segundo lugar.

No dia seguinte, 17 de julho, sul-americanos e europeus iriam medir forças em mais uma decisão de Copa. Os continentes estavam empatados com sete títulos cada. Um dia inesquecível para milhões de brasileiros que puderam, finalmente, explodir de alegria.

A festa só veio, no entanto, depois de uma maratona de futebol, com direito a prorrogação e a aflição causada pela disputa por pênaltis.

---

88. A expressão usada por Zagallo ficou mais conhecida em 1997, quando a seleção venceu a final da Copa América, contra a Bolívia. Vale lembrar que depois do mundial dos Estados Unidos, ele substituiu Parreira no cargo de treinador.

Manchetes dos jornais (Brasil 1 x 0 Suécia)

Folha de S.Paulo: "Brasil e Itália disputam o tetra"

O Globo: "Brasil despacha Suécia e fará o duelo do tetra com a Itália"

Jornal dos Sports: "Brasil briga pelo tetra com a Itália"

Jornal do Brasil: "Brasil disputa o tetra com a Itália"

Gazeta Esportiva: "Agora, o tetra"

"Foi uma odisseia das duas equipes com heróis dos dois lados e disputada com um alto grau de cavalheirismo."

(Análise do jornalista Armando Nogueira durante a transmissão da TV Bandeirantes)

O capitão dunga exibe a taça conquistada com muito suor e sacrifício
(*Gazeta Press*/Acervo)

10

Sofrimento, agonia e êxtase
Brasil 0 x 0 Itália (3 x 2 - pênaltis)

BRASIL 0 × 0 ITÁLIA (3x2) – Passadena – 17.07.94

<u>Brasil</u>: Taffarel; Jorginho (Cafu), Aldair, Márcio Santos e Branco; Mauro Silva, Dunga, Mazinho e Zinho (Viola); Bebeto e Romário

Técnico: Carlos Alberto Parreira

<u>Itália</u>: Pagliuca; Mussi (Apolloni), Baresi, Maldini e Benarrivo; Dino Baggio (Evani), Donadoni, Berti e Albertini; Roberto Baggio e Massaro

Técnico: Arrigo Sacchi

<u>Árbitro</u>: Sándor Puhl (Hungria)

<u>Pênaltis convertidos</u>: Romário, Branco e Dunga (Brasil); Albertini e Evani (Itália)

<u>Público</u>: 94.140

Aquela era uma experiência inesquecível e nova para muitos brasileiros: acordar no domingo com grande ansiedade para acompanhar a seleção do país em uma final de Copa. Afinal, milhões de torcedores não eram nascidos na última conquista, em 21 de junho de 1970. Agora, 24 anos e 27 dias depois, a história poderia se repetir. A partir das 16h30, horário de Brasília, a equipe nacional entraria em campo em busca da quarta estrela na camisa.

De norte a sul do país, as ruas estavam enfeitadas com bandeiras e as cores verde e amarela. Amigos e familiares se reuniriam nas casas, bares e em locais públicos para assistir ao duelo final da XV Copa do Mundo. Em São Paulo, reduto de grande colônia italiana, como no bairro do Bixiga, os torcedores estavam divididos. Bares e restaurantes instalaram telões para atrair os clientes. No Shopping Eldorado, por exemplo, duas salas de cinema exibiriam a partida.

Em Brasília, o presidente da República, Itamar Franco, assistiria o duelo no Palácio da Alvorada, ao lado dos ministros Henrique Hargreaves e Mauro Durante. Independentemente do resultado do jogo, o presidente pretendia decretar ponto facultativo no dia seguinte, 18 de julho.

Os jornais traziam manchetes festivas e otimistas: *"Em campo, o sonho do tetra"* (Estadão), *"A hora do tetra"* (O Globo), *"É hoje a decisão do tetra"* (Folha de S.Paulo), *"Brasil para hoje à espera do tetra"* (Jornal do Brasil) e *"É hoje, Brasil"* (Jornal dos Sports).

A seleção de volta à final 24 anos depois[89]
(*Gazeta Press*/Acervo)

---

89. Da esquerda para direita: Taffarel, Mazinho, Bebeto, Jorginho, Mauro Silva, Romário, Zinho, Branco, Aldair, Mário Santos e Dunga.

Desde cedo, as emissoras de TV repetiam à exaustão imagens da inesquecível final da Copa de 1970, quando a seleção brasileira goleou os italianos por 4 a 1, no Estádio Azteca, na Cidade do México. Pelé, Gérson, Jairzinho e Carlos Alberto, o capitão, estufaram as redes naquele dia 21 de junho. A equipe, treinada por Mário Jorge Lobo Zagallo, conquistou em definitivo a taça *Jules Rimet*. Agora, as duas seleções estavam de volta com um novo sonho: o de chegar ao inédito tetracampeonato mundial de futebol.[90]

Depois de uma turbulência de críticas, a seleção brasileira retornava à decisão em busca de recuperar a hegemonia no futebol mundial. Foram seis jogos e cinco vitórias. Carlos Alberto Parreira manteve os onze jogadores que começaram a partida diante da Suécia. Na época, a imprensa especulou que Ricardo Rocha, já recuperado, teria procurado o técnico para se colocar à disposição. Em depoimento para este livro, o ex-zagueiro deixou clara a posição dele: *"Seria muito mau caratismo da minha parte querer jogar [uma final de] Copa do Mundo. [...] O que aconteceu é que o Aldair sentiu um pouco a perna e o Parreira me alertou [caso precisasse entrar]. Não procurei ninguém para jogar. Ninguém"*.

Parreira, aliás, iria comandar a equipe pela última vez. Depois da Copa, já era certo que o treinador iria trabalhar no Valencia, da Espanha. Sobre o "futebol de resultado", que teria implantado na seleção, o treinador afirmou na véspera da final: *"Para obter novas conquistas no futebol mundial, tem que se jogar com pragmatismo, seguir o caminho atual da seleção"*. Nas páginas do *Estadão*, edição de 15 de julho, um desabafo de Parreira: *"Não caí de paraquedas em uma Copa do Mundo. Estou há 27 anos no futebol, já estive em duas Olimpíadas e essa é a minha quinta Copa"*. Quatro atletas brasileiros estavam na equipe ideal do mundial dos Estados Unidos, de acordo com a FIFA, antes da decisão: Romário, Dunga, Jorginho e Márcio Santos. Bebeto recebeu menção honrosa.

---

90. A Itália conquistou as Copas de 1934, 1938 e 1982 e o Brasil em 1958, 1962 e 1970.

Zagallo e Parreira apreensivos para o duelo decisivo da Copa
(*Gazeta Press*/Acervo)

Já os italianos começaram mal a Copa, mas foram se recuperando: quatro vitórias, um empate e uma derrota. A imprensa do país atacava a *"Squadra Azzurra"* e o técnico Arrigo Sacchi. Entretanto, a crônica comparava o desempenho da equipe em 1994 com a campanha de 1982, quando depois de três empates na primeira fase, a seleção italiana chegou ao tricampeonato com destaque para Paolo Rossi, artilheiro do mundial disputado na Espanha, com seis gols. O jogador foi o carrasco do Brasil na vitória por 3 a 2, no Estádio Sarrià, no fatídico 5 de julho. Os jornais italianos diziam que Roberto Baggio iria repetir o que Rossi fez contra o Brasil. Ele e Romário travaram um duelo à parte na finalíssima, pois cada um tinha cinco gols. Por pouco, Baggio não ficou fora da partida, pois estava com um estiramento muscular e teve de jogar com uma proteção na coxa. Até o início do duelo, o camisa 10 era dúvida.

O treinador da Itália apostava na experiência do veterano Baresi, que passou por uma artroscopia durante a Copa, e de Massaro, artilheiro do Milan. O zagueiro Paolo Maldini foi destacado para marcar Romário. Por outro lado, Tassotti e Costacurta estavam suspensos. Além dos confrontos em 1970 e 1982, Brasil e Itália já tinham se enfrentado na semifinal da Copa de 1938, na França, com vitória europeia por 2 a 1, e na decisão do terceiro lugar em 1978, na Argentina, quando a equipe nacional venceu a *"Azzurra"* por 2 a 1.

Mas o passado ficou no passado, era hora de construir um novo capítulo do futebol do planeta. Os jogadores da seleção brasileira entraram em campo de mãos dadas, como fizeram em todas as partidas desde o duelo contra a Bolívia nas eliminatórias, no ano anterior. Ao som do tema da FIFA e debaixo do sol da Califórnia, as duas seleções estavam perfiladas para os hinos nacionais no Rose Bowl, em Pasadena. As duas equipes vestiam os uniformes tradicionais, o amarelo e o azul desfilavam no gramado. Bilhões de pessoas iriam assistir ao duelo histórico pela televisão. A temperatura estava em 28 graus célsius, mas os termômetros iriam se elevar ao longo do duelo. Afinal, o jogo estava marcado para às 12h30, horário local (quatro horas a menos em relação a Brasília). Antes, o público assistiu à festa de encerramento, com cerca de mil figurantes, e a um *show* da cantora Whitney Houston. Dos quase cem mil presentes, cerca de 30 mil eram brasileiros. Entretanto, um grande público latino também torcia para a seleção.

O capitão Dunga acena para o público antes do apito inicial
(*Gazeta Press*/Acervo)

Os capitães Dunga e Baresi estavam no gramado para a troca de flâmulas. Um deles iria erguer a taça naquele dia e entrar para a história dos mundiais. Em meio à ansiedade e nervosismo, o árbitro Sándor Puhl deu início ao duelo mais esperado pelos fãs de futebol e a bola *Questra* começou a rolar. A seleção brasileira iniciou o jogo com mais posse de bola. Mazinho entrou duro em Berti e foi advertido com o cartão amarelo. As duas equipes, que jogavam no esquema 4-4-2, estavam se estudando e a bola ficava concentrada no meio de campo.

Aos 12 minutos, Dunga cruzou da direita e Romário cabeceou nas mãos de Pagliuca na primeira chance da partida. O capitão, com muita vontade, marcava bem e ganhava muitas divididas. Romário e Bebeto estavam sempre cercados por três ou quatro marcadores. A Itália tentava sair no contra-ataque. Desde o início, a seleção brasileira demonstrava estar em melhores condições físicas do que o adversário. Aos 17, Massaro recebeu um lançamento do campo de defesa, avançou e chutou para a defesa de Taffarel, depois que Mauro Silva falhou e Aldair não conseguiu dar combate. Jorginho atuava com muita raça, mas começou a sentir um problema muscular. Aos 20 minutos, o lateral brasileiro teve de ser substituído por Cafu, um predestinado que iria jogar as decisões das duas Copas seguintes e ser o capitão do penta, em 2002.

Cafu entra em campo com muita vitalidade e faz história
(*Gazeta Press*/Acervo)

Em um depoimento transparente para este livro, Jorginho revela que tentou ao máximo continuar em campo: *"Eu levei mais ou menos de dois a três minutos para tomar a decisão de sair. Quando eu senti a contusão, e durante esse período, foi uma luta muito grande porque eu ainda estava tentando correr sem mancar, mas eu percebi que era impossível. Aconteceu justamente quando eu dei um drible entre dois jogadores da Itália, tentei cruzar de três dedos e foi quando eu senti a contusão. Aí, eu passei no banco* e falei assim: 'Cafu, aquece aí porque eu senti'. Depois, o Parreira brincou comigo dizendo que eu tinha escalado o Cafu"*. Jorginho deu um abraço no substituto e falou para ele arrebentar no jogo.

O experiente lateral brasileiro admite que deveria ter se resguardado para a finalíssima: *"Eu falo para os meus jogadores o quanto é importante você se cuidar, você guardar o seu corpo. Após o jogo contra a Suécia, nós tivemos um dia de folga e eu saí para ir à nossa patrocinadora pegar materiais. Dali, eu tinha me comprometido a dar uma entrevista ao jornalista Roberto Cabrini na Universal Studios, que ficava a trinta minutos de onde eu estava. O problema é que eu fiquei cinco horas preso em um trânsito insuportável, dentro de uma van. É muito possível que eu tenha sofrido essa contusão porque eu não descansei o que precisava ter descansado, faltando aproximadamente umas cinquenta horas para a final da Copa".*[91]

Jorginho foi substituído brilhantemente por Cafu, que conta o que pensou naquele instante: *"Eu passei quarenta e cinco dias treinando arduamente, esperando uma oportunidade na Copa do Mundo. A oportunidade veio para mim na final. Você estava preparado? Eu, sinceramente, sim, estava preparado para jogar a qualquer momento. A final, melhor ainda. Ruim por ter que substituir um jogador tão importante como o Jorginho, mas quando o professor Parreira falou para eu me aquecer, eu respondi que já estava aquecido"*, conta o capitão do pentacampeonato.

No entanto, antes do penta era preciso conquistar o tetra. Então, voltemos ao Rose Bowl.

Era quase uma hora da tarde e o sol castigava cada vez mais os atletas. Aos 25 minutos, Branco cobrou falta da intermediária, o goleiro Pagliuca deu rebote, mas Mazinho furou e não conseguiu cruzar. Cafu entrou bem, esbanjava vitalidade e fazia bons cruzamentos para a área adversária. Dunga, além de implacável na marcação, insistia em chutes de longa distância.

Romário, sempre muito marcado, driblou bem na intermediária, invadiu a área, mas foi prensado na hora do chute. O técnico Arrigo Sacchi, descontente com o desempenho da equipe italiana, tirou Mussi e

---
91. Depoimento ao autor em agosto de 2023.

colocou Apolloni, aos 34 minutos. O objetivo era conter os avanços do Brasil. Maldini foi deslocado para tentar bloquear jogadas pela direita.

Romário briga pela bola e é observado por Baresi
(*Gazeta Press*/Acervo)

Era um jogo de nervos à flor da pele. Aos 37 minutos, Romário surpreendeu Pagliuca com chute de fora da área. O goleiro defendeu em dois tempos. Já Apolloni e Albertini foram advertidos pelo árbitro com cartão amarelo. No último lance de perigo da primeira etapa, Branco cobrou falta e Pagliuca defendeu. A superioridade brasileira poderia ser traduzida pelos números: sete chutes contra um.

O segundo tempo começou mais pegado, com a Itália fazendo faltas e com o Brasil tentando marcar a saída do adversário. Aos 5 minutos, escanteio cobrado da esquerda e Mazinho aliviou o perigo. Romário não encontrava espaços, enquanto Dunga era o campeão dos desarmes. O gol não saía e a torcida no Rose Bowl passou a incentivar ainda mais a seleção brasileira. Donadoni chutou de fora da área e Taffarel defendeu em dois tempos. Foi um lance perigoso, pois dois italianos esperavam o rebote, um deles era Roberto Baggio.

Aos 23 minutos, Zinho cobrou escanteio da direita e Branco cabeceou para fora. Entretanto, a jogada assustou a defesa europeia. Enquanto o juiz deixava a partida correr solta, Romário buscava a bola na intermediária para tentar tabelas com Bebeto.

O relógio marcava 30 minutos da etapa final e o drama e a agonia só aumentavam! Em uma das jogadas mais lembradas pela torcida até hoje, Mauro Silva chutou de longe com o pé direito, Pagliuca "bateu roupa", a bola caprichosamente tocou a trave e voltou para as mãos do goleiro. Depois, ele beijou a luva e encostou os dedos na trave. Era uma espécie de "agradecimento" pela sorte que teve no lance. *"Até hoje, cada vez que eu assisto aquele lance, eu torço para aquela bola entrar. Um dia ela vai entrar de tanto que eu torço [...]. Eu digo que teria evitado muito sofrimento"*, declara Mauro Silva.[92] O ex-jogador brinca: *"O Ricardo Rocha fala que ninguém iria me aguentar se eu tivesse marcado o gol do título"*.

Aos 36, um lance de perigo da Itália deixou os brasileiros aflitos. Donadoni invadiu a área e rolou para Roberto Baggio, que dominou praticamente sozinho, mas chutou para fora. Faltou perna! Bebeto e Romário não encontravam espaço e Dunga tentava cada vez mais os cruzamentos para a área. O árbitro encerrou a etapa final aos 45 minutos e dez segundos. Assim como em 1934, 1966 e 1978, a final da Copa teve

---

92. Depoimento ao autor em agosto de 2023.

prorrogação, mas, dessa vez, ninguém tinha balançado as redes em 90 minutos!

A torcida estava quieta, assustada: será que o fim do jejum de títulos do Brasil iria terminar na próxima meia hora?

Aos 3 minutos do primeiro tempo da prorrogação, um lance inacreditável. Cafu cruzou a meia altura da direita, a bola passou por Pagliuca na pequena área e Bebeto perdeu a chance de balançar as redes: a bola bateu caprichosamente no joelho esquerdo dele. Na sequência do lance, Romário tentou pegar o rebote e disputou com o goleiro, que levou a melhor.

O técnico Arrigo Sacchi tirou Dino Baggio e colocou Evani. Mesmo com dificuldades físicas, Baggio chutou da intermediária com perigo e Taffarel espalmou para escanteio. Em um bom ataque do Brasil, Zinho invadiu a área adversária, chutou forte e Pagliuca fez uma boa defesa. Os brasileiros também pareciam cansados e tinham dificuldade na marcação no meio de campo.

Para o segundo tempo da prorrogação, Parreira colocou Viola no lugar de Zinho em uma tentativa de dar velocidade ao ataque e ajudar, inclusive, na movimentação de Romário. Aos 4 minutos, a seleção brasileira perdeu o gol mais feito do duro duelo contra a Itália. Cafu tabelou rápido com Bebeto e cruzou rasteiro, a bola passou por todo mundo dentro da área, inclusive pelo goleiro Pagliuca. Romário, sozinho, chutou com o pé direito e a bola caprichosamente beliscou a trave e saiu. O camisa 11 ficou sentado no chão e não acreditava que tinha desperdiçado a chance do gol do tetra.

Aliás, ninguém acreditava!

Depois, foi a vez da *"Azzurra"* assustar: em contra-ataque, Massaro deixou Berti frente a frente com Taffarel. Entretanto, o goleiro brasileiro fez boa proteção e ficou com a bola. O tempo passava e o nervosismo chegava ao limite. Em um grande lance, o aguerrido Viola saiu driblando defensores italianos e passou para Romário, mas o valente Baresi evitou a sequência da jogada.

Os italianos, esfacelados e com câimbras, demonstravam garra e doação impressionantes. Aos 8 minutos, Roberto Baggio tabelou bem, mas chutou rasteiro e fraco para a defesa de Taffarel. O jogador ficou deitado no chão sentindo dores. Baresi também não escondia a estafa e precisou ser retirado de campo para atendimento médico. A temperatura no estádio passava dos 35 graus célsius.

Era algo desumano!

O árbitro encerrou o confronto dramático aos 16 minutos para o desespero dos jogadores e dos torcedores. O Brasil finalizou 22 vezes, contra 6 da Itália. Em meio ao esgotamento físico e emocional, pela primeira vez na história, o título seria definido na cobrança de pênaltis. *"Você definir uma Copa do Mundo nos pênaltis é extremamente duro. Dois meses antes, com o Bebeto no La Coruña, a gente tinha perdido o campeonato espanhol por causa de um pênalti"*[93], relembra Mauro Silva. Para o lateral Branco: *"A final foi um jogo muito difícil, pois éramos duas seleções que se refletiam taticamente. Jogavam da mesma forma e tinham jogadores de muita qualidade individual. Tava muito calor, gente para caramba nas arquibancadas [sic]. Típico jogo que se resolve no detalhe mesmo. Tivemos até algumas chances com a bola rolando, mas a história quis que aquele Brasil x Itália fosse a primeira Copa do Mundo decidida nos pênaltis".*[94]

Que agonia! Que drama! Muitos torcedores não quiseram nem assistir à definição.

Os jogadores foram para a beira do gramado se hidratar enquanto os técnicos definiam os batedores. O árbitro escolheu o gol da direita das câmeras de TV para aquele momento decisivo. Em Pasadena, eram 15h e no Brasil, 19h.

---

93. Depoimento ao autor em agosto de 2023.

94. Depoimento ao autor em agosto de 2023.

Taffarel e Pagliuca são os protagonistas da "batalha dos pênaltis" (*Gazeta Press*/Acervo)

O primeiro tetracampeão ainda não estava definido, dependia das cobranças alternadas. Loteria, na opinião de alguns, competência na opinião de outros.

Baresi, que tanto lutou contra os problemas físicos, foi escolhido por Arrigo Sacchi para bater o primeiro. O capitão italiano chutou de pé direito e isolou completamente a bola por cima do travessão. O jogador se ajoelhou e levou as mãos à cabeça.

Pelo lado do Brasil, Márcio Santos chutou com força, mas Pagliuca se esticou no canto direito e pegou a cobrança. O goleiro, claro, vibrou muito em meio à desolação da torcida nacional. Será que o "complexo de vira-latas" estava dando as caras de novo?

Márcio Santos recorda que desde o período de preparação no Brasil, sempre após os treinamentos, o técnico Parreira escolhia cinco jogadores para bater pênaltis, e que ele era o melhor cobrador, dificilmente errava. *"Como Taffarel, Dunga e o Branco jogavam na Itália e conheciam bem os adversários, eles diziam que o Pagliuca vinha falhando muito pelo lado direito. A gente nunca imaginou que iria para as penalidades. Quando acabou a prorrogação, o Parreira veio falar comigo e perguntou se eu bateria o primeiro. Eu disse que sim. Na hora da penalidade, eu chutei e ele defendeu. As pessoas me perguntam se eu fiquei nervoso: de jeito nenhum. Eu fiquei tranquilo porque ainda tinham mais quatro cobranças para cada lado"*, destaca Márcio.

Na sequência, o camisa 11 da Itália, Albertini, beijou a bola e tomou pouca distância. Ele escolheu o canto direito de Taffarel. O goleiro foi para o lado oposto e as redes balançaram pela primeira vez no Rose Bowl: 1 a 0.

Na sequência, Romário também chutou no canto direito de Pagliuca, um pouco acima da meia altura, a bola raspou a trave e entrou, para o desespero do goleiro italiano. Já o "Baixinho" não expressou reação: 1 a 1.

O "frio" Evani não quis arriscar: chutou com o pé esquerdo no meio do gol, enquanto Taffarel se atirou para a direita, tentando adivinhar o canto: 2 a 1.

O lateral Branco cobrou com muita categoria: bola na esquerda e goleiro para a direita: 2 a 2. Os jogadores brasileiros estavam na lateral do campo abraçados e torcendo a cada cobrança. Era a corrente para frente! *"Eu já tinha batido pênalti em Copa. Tinha meu estilo de bater. Conhecia o Pagliuca, pois jogávamos na Itália. É um momento em que a gente precisa estar muito concentrado. As pernas pesam e você pensa em muita coisa. Não é fácil, não. Eram 24 anos, irmão. Muita pressão por todo lado, mas também tinha aquela vontade de vencer de qualquer jeito para mudar esse cenário. Se você não marca, imagina o que seria? Fui para a bola convicto de que teria que converter. Se você achar alguma foto da minha batida onde aparece o Pagliuca, me mostre depois [risos]"*[95], rememora Branco.

Chegou a vez de Taffarel mostrar todo valor diante do experiente Massaro. O italiano chutou e o goleiro brasileiro caiu certo, no canto esquerdo, e defendeu para o delírio da torcida. O camisa 1 levantou a mão direita e Massaro soltou um palavrão.

O placar continuava igual, 2 a 2. *"Nos dois primeiros pênaltis eu estava assim: o cara ia chutar e eu já estava saltando, não estava me concentrando. E foi no momento da cobrança do Massaro que eu pensei. Vou me acalmar e tentar me tranquilizar para poder defender. E foi o que aconteceu. Tanto é que foi um pênalti bem fácil. Eu só acertei o canto e a bola veio em cima de mim. Naquele momento, eu queria ajudar demais"*[96], revela o goleiro da seleção.

Taffarel conta que o pênalti perdido por Márcio Santos o deixou angustiado: *"Quando foi para os pênaltis, seria uma coisa normal eu ficar tranquilo, pois a responsabilidade não era minha, era mais dos batedores. Mas foi bem o contrário o que eu senti. Eu senti uma ansiedade muito grande de querer ajudar porque o goleiro tem cinco chances de defender e ajudar o seu time. O batedor tem uma chance: ou ele acerta ou erra. [...] Eu sentia a pressão que estavam tendo os jogadores naquele momento. [...] No lado do Márcio, [vi] aquela tristeza, aquela decepção".*

Chegou a vez do capitão brasileiro. Dunga tomou distância e chutou no canto esquerdo do goleiro. Pagliuca foi para o direito. Gol do Brasil: 3 a 2. A seleção passava à frente no placar e jogava toda a responsabilidade para o adversário.

O peso do planeta estava nas costas de Roberto Baggio. Dúvida para o jogo, a perna direita dele pesou, e muito, na hora daquela cobrança. O camisa 10 tomou distância e bateu mal, muito mal. Assim como

---

95. Depoimento ao autor em agosto de 2023.

96. Depoimento ao autor em agosto de 2023.

aconteceu com Baresi, a bola subiu como um foguete e passou longe do travessão![97] O jogador ficou desolado, com as mãos apoiadas na cintura.

A Copa tinha terminado e o Brasil, depois de muitas desilusões no futebol, estava de volta ao topo do "planeta bola": era TETRACAMPEÃO MUNDIAL DE FUTEBOL. Ou, simplesmente, TETRA. Um título justo e conquistado de forma invicta.

A desolação de Baggio contrasta com a alegria dos brasileiros
(*Gazeta Press*/Acervo)

---

97. Caso Baggio convertesse, Bebeto bateria o próximo pênalti.

Após o pênalti perdido pelo italiano Roberto Baggio, começou a festa no gramado do Rose Bowl. Os jogadores e os integrantes da comissão foram abraçar Taffarel: *"Os caras também ajudaram chutando fora! Quando o Brasil ganha, todo mundo ganha"*, ressalta o goleiro tetracampeão. Os vencedores choravam e desfilavam pelo campo com a bandeira nacional.

Em uma cena memorável, eles estenderam uma faixa em homenagem a Ayrton Senna: *"Senna, aceleramos juntos. O tetra é nosso!"* *"A gente tinha esse desejo de dedicar o título ao Senna porque ele foi muito generoso com a gente. Ele esteve conosco [no amistoso em Paris]. Seriam dois tetras, o do automobilismo e do futebol, mas acabou acontecendo aquela fatalidade. Nós tínhamos aquela coisa que ficava no ar de responder de uma maneira positiva"*[98], relata Parreira. *"Eu acho que a perda do Senna fez com que nossa força se redobrasse. Era importante se apoiar em um ídolo"*[99], destaca o ex-goleiro Zetti.

Os atletas fizeram uma roda para "jogar" Parreira e Zagallo para o alto. Depois, toda comissão técnica e os jogadores se reuniram em círculo e rezaram em agradecimento ao título tão sofrido, sonhado e almejado.

A vitória por 3 a 2, simbolicamente mesmo placar que eliminou o Brasil em 1982, e ainda mais nos pênaltis, quando a seleção fracassou em 1986, desclassificada pela França, serviu para exorcizar os principais fantasmas que rondavam a amarelinha nos últimos 24 anos. Os jogadores, Parreira e Zagallo subiram à tribuna para a cerimônia de entrega da taça.

Foi o primeiro título da equipe nacional desde que a FIFA passou a ser comandada pelo brasileiro João Havelange.[100] Filho de pai belga, mas nascido no Rio de Janeiro, ele assumiu o cargo em 1974 e ficou no comando da entidade até 1998. Havelange e o vice-presidente dos Estados Unidos, Al Gore, entregaram as medalhas aos vinte e dois jogadores, ao treinador Parreira, ao coordenador Zagallo e ao médico Lídio Toledo.

---

98. Depoimento ao autor em agosto de 2023.

99. Depoimento ao autor em setembro de 2023.

100. Em todas as outras conquistas da seleção (1958, 1962, 1970 e 2002), o presidente da FIFA não era brasileiro.

Romário estava enrolado à bandeira brasileira e chorava copiosamente. Dunga recebeu a Taça FIFA[101] das mãos de Al Gore, eram 19h32 pelo horário de Brasília. Uma imagem simbólica e emblemática que calou as críticas classificadas pelo capitão como "desumanas". Falando palavrões, o camisa 8 beijou e ergueu o objeto mais desejado pelos desportistas do planeta, repetindo os gestos de Hideraldo Luís Bellini (1958), Mauro Ramos de Oliveira (1962) e Carlos Alberto Torres (1970).[102]

"Eu fui do inferno ao céu. Em 1990, quando o Brasil perdeu, foi colocada toda a culpa em cima do meu nome. Só tiveram dois jogadores no mundo que foram massacrados [dessa forma]: Barbosa, em 1950, que infelizmente não teve a segunda oportunidade, e eu, em 1990, mas que tive a segunda oportunidade, em 1994", comparou Dunga anos depois.[103]

---

101. A taça foi instituída pela FIFA em 1974, depois que o Brasil ficou com a posse definitiva da *Jules Rimet* ao conquistá-la três vezes, como previa o regulamento. O troféu pesa quase cinco quilos e tem ouro de 18 quilates. Foi também a primeira conquista desde que a CBF substituiu a CBD, em 1979.

102. Em 2002, Cafu ergueu a taça.

103. Entrevista publicada na página da Conmebol Libertadores no YouTube: (youtube.com/watch?v=gRhAebCOwa8).

Dunga ergue a taça e mostra para o mundo que o Brasil é o único tetra
(*Arquivo O Dia*/Marcos Tristão)

Depois, a taça foi passando de mãos em mãos na seguinte ordem: Romário, Branco, Viola, Taffarel, Leonardo, Lídio Toledo, Raí, Ronaldão, Ricardo Rocha, Aldair, Zetti, Müller, Jorginho, Paulo Sérgio, Mauro Silva, Bebeto, Zagallo, Zinho, Gilmar, Márcio Santos, Cafu, Parreira, Ronaldo e Mazinho.

Zagallo: o autêntico tetracampeão
(*Arquivo O Dia*/Marcos Tristão)

Cada um beijava e erguia o troféu. Quando a taça chegou às mãos de Zagallo, Gilmar Rinaldi fez questão de sinalizar que aquela era a quarta conquista do "velho lobo". Aliás, o único tetra da história. O goleiro reserva do Brasil explicou: *"Nós tínhamos ali um tetracampeão autêntico das quatro conquistas do Brasil. Eu fazia questão de lembrar disso e mostrar porque ele foi um espelho. Um cara que acreditou sempre, que brigou quando tinha que brigar e os jogadores tinham um carinho muito grande por ele".* De acordo com Gilmar, Zagallo era uma espécie de "aparador" das críticas à seleção: *"Ele fez o papel de auxiliar do Parreira e de escudeiro muito* bom porque toda vez que tinha alguma polêmica, ele se jogava na frente e do jeito dele, explosivo, conseguia contornar".[104]

Romário ergue a taça e faz a festa no Rose Bowl
(*Gazeta Press*/Acervo)

Zagallo fez questão de exaltar a união do grupo: *"Me sinto feliz com essa conquista. Que todo povo brasileiro possa festejar e eu sei que está festejando esse grande título. Nós quebramos a síndrome do pênalti. Sempre que tem qualquer decisão por pênaltis, o Brasil já era um derrotado. Esse grupo foi formidável, de uma união fora do comum. De modo que com aquela corrente que nós tivemos, aquela união, os pênaltis não poderiam nunca arrebentar essa corrente"*[105].

Parreira pegou o troféu e começou a descer da tribuna. Ao passar pelo cordão de isolamento, no meio da arquibancada, torcedores tocavam o troféu e ele dizia: *"Toca, porque ela é nossa. É brasileira"*. Ao se recordar daquele momento, Parreira se emociona: *"Foi realmente a satisfação de você ter conquistado uma Copa do Mundo. Só quem passou o que nós*

---

104. Depoimento ao autor em agosto de 2023.
105. Entrevista coletiva após a partida.

passamos, só quem teve oportunidade de ser campeão do mundo, dirigindo uma seleção brasileira, vai saber a dimensão disso na sua essência. É muito grande. Difícil exprimir em palavras".

Já no gramado, o treinador entregou o troféu para outros integrantes da comissão técnica que não puderam subir para a cerimônia de premiação. Um deles era Nocaute Jack, massagista que também estava presente na conquista de 1970. Os jogadores posaram para as fotos e deram a volta olímpica. Houve uma queima de fogos e aviões soltaram fumaça com as cores da bandeira dos Estados Unidos. Uma outra faixa, agora na cor amarela, foi estendida pelos campeões: *"Senna: esse tetra é nosso"*. Já nos vestiários, Carlos Alberto Parreira foi alertado que o presidente estava na linha querendo falar com ele. O treinador pensou que se tratava de Itamar Franco, mas era Bill Clinton, dos Estados Unidos. Lembrando que quem estava presente ao Rose Bowl era o vice, Al Gore. Depois, o presidente da Argentina, Carlos Menem, e o próprio Itamar mandaram os cumprimentos ao técnico do tetra.

Os atletas jogam Zagallo para o alto na festa do tetra
(*Gazeta Press*/Acervo)

A comemoração dos atletas e da comissão técnica continuou nos vestiários do Rose Bowl. Depois, eles retornaram ao hotel, onde foi servido um jantar com direito a samba e cerveja. Já um grupo de nove jogadores se dirigiu ao evento de um dos patrocinadores da seleção. A maioria só foi dormir na segunda-feira, 18 de julho, dia em que estava previsto o retorno para o país, mas à noite. Uma nota negativa foi a de um entrevero envolvendo o secretário-geral da CBF, Marco Antônio Teixeira. O tio de Ricardo Teixeira, presidente da Confederação, discutiu e agrediu um repórter no hotel da seleção. Baixaria!

No Brasil, as comemorações também seguiram durante a madrugada, com milhões de pessoas reunidas nas ruas e em bares. Na cidade de São Paulo, o telão da TV Globo foi transferido do centro para o vão livre do Masp, na Avenida Paulista. Milhares assistiam ao duelo e, depois do título, outras centenas de torcedores se dirigiram ao local. Além de camisas, bandeiras e rojões, muita gente comia pizza no meio da rua! Já na região central, onde estava o telão da Bandeirantes, artistas se apresentaram em um palco. No Bixiga, os mais velhos, nascidos na Itália, estavam desolados. Os mais jovens, descendentes, comemoravam nas ruas com rojões, bandeiras e muita comida típica.

O *Jornal do Brasil* registrou: *"Tetra sacode o Rio e o coração do carioca"*. A publicação destacou que a procura por atendimento em clínicas cardiológicas do Rio aumentou consideravelmente depois do jogo: e não era para menos! Só no Pró-cardíaco, em Botafogo, foram feitos, ao menos, sete atendimentos. Os bairros de Copacabana, Tijuca e Vila Isabel receberam o maior contingente de pessoas. A Avenida Atlântica foi palco de uma festa que há muito tempo não se via. O então prefeito, César Maia, prometia uma recepção de gala aos jogadores, principalmente para Romário. Nas demais regiões do país, o cenário não foi diferente. Em Recife, por exemplo, cidade que tanto apoiou os tetracampeões, nem a chuva atrapalhou as comemorações.

Capa do jornal *O Dia* em homenagem a Senna
(*O Dia*/Arquivo)

A imprensa também registrou a comemoração de familiares de jogadores.

"[...] *As ruas da Favela do Jacarezinho foram pequenas para o orgulho das centenas de pessoas que saíram às ruas para assistir Romário ser tetracampeão. [...] Perto dos irmãos e amigos de Vila da Penha, o pai de Romário, seu Edevair Faria, rezou para o santo da sua preferência, o filho: 'É o único santo em que posso acreditar'*", destacou o *Jornal do Brasil*. A família de Zinho se jogou na piscina de casa, em Nova Iguaçu, para lavar a alma! Já Denise, mulher de Bebeto, segurava o filho Mattheus e estava na expectativa para a volta do marido, que ainda não conhecia a criança. O Condomínio Marapendi, na Barra, teve festa redobrada na casa de Carlos Alberto Parreira. A família estava reunida e pôde finalmente extravasar, depois de 120 minutos de agonia mais as cobranças de pênalti. A mãe do treinador, Geni, rezou, ajoelhou e temia que a Itália pudesse marcar um gol.[106]

Os políticos também queriam pegar carona na conquista. O então prefeito de São Paulo, Paulo Maluf, prometeu dar um veículo "Gol" para cada um dos campeões. Maluf ocupava o mesmo cargo em 1970 e, na época, presenteou os atletas com um "Fusca". Por causa do uso do dinheiro público, ele foi processado. Mas, em 1994, ele tentou uma parceria com a iniciativa privada para a doação dos carros. Já o candidato Fernando Henrique Cardoso disparou: *"O próximo tetra é meu"*, em uma alusão aos quatro anos do mandato presidencial. Já o principal adversário dele, Lula, assistiu ao jogo no auditório do Sindicato dos Metalúrgicos do ABC.

Na Europa, exceto na Itália, claro, a maioria dos torcedores do continente demonstrou apoio à seleção brasileira. De acordo com o *Estadão*, na Alemanha, na Espanha, em Portugal, na Bélgica, na Suécia e na França, sede da Copa seguinte, foram registradas comemorações não só de brasileiros. A festa também tomou conta dos Estados Unidos, não somente na saída do Rose Bowl, em Pasadena, mas também em cidades como Nova Iorque.

De volta ao Brasil, o presidente Itamar Franco, que decretou ponto facultativo até o meio-dia de segunda-feira, declarou: *"Isso [o título] é muito importante. O Brasil precisa ter essa autoestima"*. Ele lamentou que a seleção não tivesse marcado gol durante a partida e que o *"grito ficou no coração e na garganta"*.

Para milhões de pessoas espalhadas pelo país, aquela sensação era inédita. Apesar do nervosismo, do sufoco e do drama, o grito de campeão compensou tudo.

Absolutamente tudo!

---

106. A imprensa relata que as comemorações também pelo Brasil foram violentas, com 19 assassinatos, além de acidentes de carro.

A repercussão pela conquista do tetra

A cada quatro anos, a seleção brasileira é apontada como uma das favoritas ao título mundial. Entretanto, toda turbulência até a estreia na Copa, contra a Rússia, deixou a torcida reticente e desconfiada. Mesmo com as críticas, aquele grupo foi se fortalecendo durante a competição, sofreu alterações e, apesar de ser apontada como uma equipe que fugia às características principais do futebol nacional, o objetivo foi atingido.

A seleção sofreu apenas três gols em sete jogos. É a equipe brasileira campeã do mundo que menos gols tomou até hoje. Entretanto, aparece como a mais econômica no ataque. Foram onze marcados[107]: cinco de Romário, três de Bebeto, e os outros foram de Branco, de Márcio Santos e de Raí. De acordo com números divulgados na época pelo *Datafolha*, os jogadores acertaram 86% dos passes, de um total de 567. Já os desarmes chegaram a 171. Com a conquista, a seleção estava classificada automaticamente para a Copa de 1998, na França. O Brasil ganhou o troféu *Fair Play*, da FIFA, por ter praticado o jogo mais limpo durante a Copa. Com toda justiça, Romário foi eleito o melhor atleta da competição.

Os jornais do exterior ressaltaram que o título foi conquistado com toda justiça. O francês *L'Équipe* classificou o triunfo como sendo "à brasileira", apesar de ter adotado um sistema tático utilizado na Europa. O *Le Monde*, também da França, destacou, sem desmerecer a conquista, que o futebol brasileiro sofreu uma "mutação" e trocou por uma taça o imenso poder de "sedução anterior", uma referência às vitórias em 1958, 1962 e 1970.

O ex-jogador e treinador Paulo Roberto Falcão, que abriu espaço para novos jogadores, quando assumiu a seleção depois do fracasso de 1990, é taxativo: *"Foi a melhor seleção daquele mundial. Organizada, usando o Mauro Silva como terceiro zagueiro, fechando no meio, soltando os laterais, com os dois na frente, Bebeto e Romário. [...] O importante é que a seleção ganhou e precisava ganhar".*[108]

---

107. O melhor ataque da Copa de 1994 foi o da Suécia, com quinze gols.

108. Depoimento ao autor em agosto de 2023.

O tricampeão Tostão destaca que o título foi justo, apesar de ser uma seleção que fugiu das características do futebol brasileiro: *"Foi uma seleção diferente do habitual do futebol brasileiro. Daí muitas pessoas terem criticado a seleção. O Parreira, apaixonado pelo futebol europeu, armou a seleção do jeito que a Inglaterra costumava jogar e costuma jogar até hoje, com duas linhas de quatro, recuadas, e com dois atacantes. Então, quando o time do Brasil perdia a bola, marcava com oito jogadores atrás e o Bebeto e o Romário [ficavam] na frente, um estilo europeu, na época, muito frequente. Isso não empolgou o torcedor brasileiro, mas o time era extremamente organizado e extremamente eficiente na defesa".* Tostão lembra que a bola chegava pouco ao gol de Taffarel. *"O time ganhou merecidamente e merece os aplausos porque foi uma maneira indicada para jogar naquele momento de 24 anos sem título"*, ressalta.

Capa de *A Gazeta Esportiva*, de 18 de julho de 1994
(*Gazeta Press*/Acervo)

O meia Zinho vai na mesma linha de Tostão ao destacar que a torcida brasileira estava precisando do título: *"O Brasil era reconhecido pelo talento técnico, pela habilidade, pelo jogo bonito e ficou vinte e quatro anos sem ganhar. E por que não ganhou? Por que não conquistou? Faltava o comprometimento e as funções táticas não eram cumpridas, o que o europeu sempre fez e estava vencendo as Copas. Eu acho que essa seleção é um exemplo de que só qualidade não é o suficiente. A qualidade tem de estar aliada à disciplina, à organização, à união e ao comprometimento. Essa é a característica da seleção do tetra: é a seleção do povo, da torcida brasileira que precisava dessa alegria"*.[109]

O lateral Cafu destaca que, dos titulares aos reservas, todos tinham uma missão na equipe: *"O grupo de 1994 era sensacional. Nós, que éramos reservas, sabíamos da nossa responsabilidade, sabíamos que dificilmente iríamos jogar porque os titulares eram absolutos. Parreira poucas vezes muda o time, é uma das características dele. E falando de mim, eu tinha o Jorginho como referência, um dos melhores laterais naquele período, jogando na posição"*.[110] Zetti concorda com o companheiro de seleção: *"Eu me sinto campeão, mesmo não tendo participado diretamente. Eu acho que todo mundo tinha o seu papel dentro do grupo, uma importância em algum momento, como nos treinamentos. Você ficar quase 60 dias concentrado, em um ambiente com muita pressão e com muita cobrança, não é fácil. Então, eu acho que ajudei de alguma forma, fora de campo, nos bastidores, incentivando os companheiros. Fazemos parte de uma geração vencedora"*.[111]

"Graças a Deus conseguimos tudo isso e foi realmente uma coisa maravilhosa e, principalmente, quando o troféu chega às suas mãos, é uma emoção muito forte. É uma conquista e uma superação de todas as dificuldades que você já enfrentou na vida. A seleção era compacta, unida, e jogava cada partida sabendo dos objetivos"[112], pondera Mazinho sobre o título da seleção.

---

109. Depoimento ao autor em agosto de 2023.

110. Depoimento ao autor em agosto de 2023.

111. Depoimento ao autor em setembro de 2023.

112. Depoimento ao autor em setembro de 2023.

O jornalista e narrador esportivo Oliveira Andrade avalia que a seleção de 1994 não merece críticas: *"O que interessa é ganhar a Copa e o Parreira foi lá e ganhou da maneira dele. Eu diria que tivemos alguns jogos que ganhamos jogando bom futebol. Acho que não se pode comparar a seleção de 1994 com a de 1970 ou a de 1982. Foi uma outra seleção que ganhou à la Parreira e injustiças são cometidas quando se fala da seleção de 1994"*.[113]

O ex-árbitro Arnaldo Cezar Coelho, comentarista da Globo na época, destaca que a seleção era bem cautelosa: *"Era um time que jogava fechado, tinha posse de bola, era muito protegido no meio de campo e jogava no contra-ataque com Romário e Bebeto"*.

O jornalista Luiz Carlos Ramos, que na época estava no *Estadão*, considera a equipe de 1994 competente *"em que se destacaram o goleador Romário e o espírito de luta do capitão Dunga"*. Ele lamenta, no entanto, que o mundial tenha sido definido nos pênaltis: *"Isso, porém, não tirou os méritos do time de Parreira e não prejudicou o avanço do futebol em terras americanas"*.[114]

A volta para casa: a festa verde e amarela de norte a sul

Eram 22h45 do dia 18 de julho quando foi iniciado o procedimento de voo, em Los Angeles, para trazer de volta ao Brasil os tetracampeões mundiais e a comissão técnica. A partida do DC-10 da Varig atrasou cerca de três horas por causa da demora no transporte da bagagem até o aeroporto (veja abaixo em "Muamba do tetra: polêmica entre os brasileiros").

A "via sacra" teve o seguinte roteiro aéreo: Recife, Brasília e Rio de Janeiro. A cidade de São Paulo ficou fora do plano inicial previsto pela CBF, o que gerou críticas das autoridades paulistas, como o prefeito Paulo Maluf, o governador Luiz Antônio Fleury Filho e o cardeal-arcebispo D. Paulo Evaristo Arns. O desfile na capital paulista só se deu no fim daquele mês.

---

113. Depoimento ao autor em agosto de 2023.

114. Depoimento ao autor em agosto de 2023.

Antes do embarque para o Brasil, uma nota triste. O coordenador e futuro técnico da seleção, Zagallo, recebeu a notícia sobre a morte do irmão dele, naquele mesmo dia. Fernando Henrique Zagallo estava internado no Rio de Janeiro com quadro de insuficiência hepática.

A escolha de Pernambuco para a primeira parada era uma forma de agradecer à população local pelo apoio dado à equipe, principalmente a partir da histórica goleada sobre a Bolívia por 6 a 0 pelas eliminatórias, em 1993. Nas lembranças de Raí, o retorno ao Brasil foi emocionante: *"Quando a gente chega de avião e entra no espaço aéreo brasileiro e aparecem dois caças para nos receber como se fôssemos heróis de guerra, a gente pousa em Recife e vê aquela multidão, milhões e milhões de pessoas na rua esperando, isso é o que dá a noção do diferencial gigantesco que é ser campeão do mundo".*[115]

Aquele momento também está na memória de Márcio Santos: *"A festa foi gigantesca na chegada ao Brasil. Chegamos em Recife, passamos pela praia de Boa Viagem. Isso aí marcou para todos nós. Nossos nomes estão marcados para sempre na história do futebol mundial. Nessa Copa, eu e Aldair tivemos um grande destaque".*[116] Para Márcio Santos, ele e Aldair eram "Bebeto e o Romário" da zaga brasileira.

Quando questionado sobre aquele momento de emoção, Bebeto é taxativo: *"Ô rapaz, é a realização de um sonho. Quando criança, quando eu comecei a entender de futebol na Copa de 70, com cinco anos de idade, ali eu comecei a sonhar".*[117] O camisa 7 queria ser igual aos ídolos Jairzinho, Gérson, Pelé, Rivellino e Tostão.

Eram 10h38 do dia 19 de julho quando a aeronave, pilotada pelo comandante Cibulska, aterrissou no aeroporto dos Guararapes. O voo foi batizado em conversas com a torre de comando como "canarinho do tetra". O governador Joaquim Francisco e o prefeito Jarbas Vasconcelos estavam na base aérea. Ricardo Rocha beijou o chão ao imitar o gesto conhecido do então Papa João Paulo II.

---

115. Depoimento ao autor em agosto de 2023.

116. Depoimento ao autor em agosto de 2023.

117. Depoimento ao autor em agosto de 2023.

A seleção desfilou em carro aberto por um trajeto de 18 km, principalmente pela orla da praia de Boa Viagem. De acordo com a PM, mais de um milhão e meio de pessoas acompanharam a passagem dos atletas. O técnico Parreira segurava um capacete de Ayrton Senna. Depois de duas horas, eles voltaram ao aeroporto e partiram para Brasília.

Multidão aguarda a chegada da seleção brasileira
(*Gazeta Press*/Acervo)

O pouso na Capital Federal ocorreu às 17h30 e a imagem de Romário segurando a bandeira nacional na janela da cabine do avião está até hoje na memória dos torcedores. A chegada ao Palácio do Planalto ocorreu às 20h, depois do desfile por cerca de 15 km, acompanhado por, ao menos, 200 mil pessoas. Os jogadores utilizaram o mesmo carro de bombeiros que levou os tricampeões, em 1970. O subtenente Moacir de Andrade, destacado para dirigir o veículo, tinha exercido a função 24 anos antes. Enquanto isso, no percurso, um carro de som divulgava as ações do Plano Real. Ao todo, 7.000 homens trabalharam na segurança naquele dia.

Imagem emblemática de Romário na chegada ao Brasil
(*Gazeta Press*/Acervo)

O presidente Itamar Franco cumprimentou efusivamente os integrantes da comissão técnica e condecorou os campeões com a medalha da Ordem do Mérito Esportivo. Na rampa do Planalto, o capitão Dunga entregou a taça ao chefe de estado brasileiro, que ergueu o troféu para os aplausos da multidão. Já exaustos, os atletas retornaram ao aeroporto de Brasília e partiram, às 20h39, para o Rio de Janeiro, chegando à cidade às 23h, no Aeroporto do Galeão. Romário foi o primeiro a descer as escadas e estava com a taça em mãos. Mesmo já avançando a madrugada do dia 20, quarta-feira, a seleção foi recepcionada pelos cariocas. Milhares de pessoas estavam pelo trajeto de 30 km que demorou horas para ser percorrido e os atletas só conseguiram descansar um pouco já pela manhã. Naquele mesmo dia, a CBF organizou uma recepção aos campeões.

A partir da esquerda: Branco, Itamar Franco e Dunga, na rampa do Palácio do Planalto
(Acervo: Memorial Presidente Itamar Franco)

Em 25 de julho, os paulistas da seleção foram recebidos pelo governador Fleury no Palácio dos Bandeirantes. Já o desfile pelas ruas da capital só foi marcado para o dia 29, uma sexta-feira, e contou com dezesseis campeões e o coordenador Zagallo (Parreira não estava). A festa foi bem mais acanhada, na comparação com as passagens por Recife, Brasília e Rio de Janeiro. O desfile em carro aberto dos Bombeiros começou às 10h45 em frente ao aeroporto de Congonhas. Houve uma parada na prefeitura, no Parque Dom Pedro, quando Paulo Maluf entregou as chaves de veículos Gol aos tetracampeões. A *Folha de S.Paulo* brincou com a notícia: *"Taffarel leva Gol"*.

O último evento foi no Palácio dos Bandeirantes, sede do governo paulista. Com direito a almoço, cada campeão recebeu uma réplica em miniatura da taça e uma medalha. Em inúmeros momentos, Viola chamou a atenção dos fotógrafos. *"Homem do chapéu fez o maior sucesso"*, destacou o *Estadão*, citando o ornamento utilizado pelo atacante que brincou: *"Eu não me importo de ter jogado só 15 minutos"*.

Campeões desfilam pela Avenida 23 de Maio, em São Paulo
(Foto tirada pelo autor)

Dunga, à direita, e Márcio Santos, à esquerda, no desfile em São Paulo
(*Gazeta Press*/Acervo)

Muamba do tetra: polêmica entre os brasileiros

Apesar da festa pelo país, quando milhões de pessoas foram acompanhar a passagem dos atletas em capitais brasileiras, uma grande polêmica envolveu o retorno e até ofuscou as reportagens sobre o tetra. Produtos comprados nos Estados Unidos pelos jogadores e integrantes da comissão técnica foram liberados pela alfândega no Rio de Janeiro sem o pagamento de impostos. O caso gerou intenso bate-boca entre integrantes do governo federal, Receita, CBF e jogadores. Até mesmo os candidatos à presidência da República entraram no debate.

A imprensa fazia enquetes com a população para saber se os campeões "mereciam" não pagar os tributos como "prêmio" pelo título.[118] Como vimos, a saída do voo de volta dos Estados Unidos atrasou por causa do excesso de bagagem. Eram geladeiras, máquinas de lavar, televisores, videocassetes, aparelhos de fax, computadores, impressoras a *laser* e até sela de cavalo. O presidente da CBF, Ricardo Teixeira, trouxe equipamentos que seriam instalados em uma choperia que ele tinha no Rio de Janeiro.[119] O caso foi mais um prato cheio para a imprensa que rotulava o episódio de "escândalo da muamba", "muamba do tetra" e por aí vai. Pelas regras da Receita Federal, cada pessoa poderia entrar no país com 500 dólares em produtos isentos. Cerca de um milhão de dólares deixaram de ser arrecadados naquele instante.

Autoridades do Aeroporto Internacional do Rio de Janeiro acusaram o então ministro da Fazenda, Rubens Ricupero, de ter dado a ordem para liberar as bagagens, o que foi negado por ele. O presidente da CBF, Ricardo Teixeira, ameaçou devolver as medalhas entregues por Itamar Franco se fosse feita a inspeção nas mercadorias. O cartola foi acusado de pressionar os fiscais da Receita e a liberação só se deu após um telefonema ao então ministro da Casa Civil, Henrique Hargreaves. As compras do lateral Branco foram as únicas retidas, já que vieram em outro voo.

---

118. O *Datafolha* indicou que 79% dos paulistanos defendiam que os jogadores pagassem os impostos.

119. O dirigente negou, na época, que os equipamentos tinham sido transportados ao Brasil na mesma aeronave.

Em meio à polêmica, o secretário-geral da Receita, Osires Lopes Filho, pediu demissão por discordar do não pagamento dos impostos. O jornalista Jânio de Freitas, em artigos na época, informou que assessores de Rubens Ricupero tentaram buscar brechas na lei para desautorizar a quitação dos tributos. No entanto, não havia o que discutir: o procedimento era totalmente irregular. A justiça intimou o ministro a prestar esclarecimentos e a Varig teve de repassar a lista com os 97 passageiros do voo de volta ao Brasil, sendo 56 convidados, com a discriminação das bagagens: eram dezessete toneladas. Na ida, o volume não passava de duas toneladas.

O noticiário indica ainda que jogadores estavam divididos sobre o tema: o lateral Jorginho declarou que gostaria de pagar os impostos, mas lamentou a celeuma provocada pelo caso. *"Estão querendo aparecer com essa história. Estão aproveitando para ganhar uma outra imagem em cima da seleção. Nós passamos de heróis a vilões. Somos acusados de sonegadores de impostos"*, lamentou em entrevista à *Folha de S.Paulo*. Já Romário não perdeu a chance de atacar Osires Lopes Filho, dizendo que o secretário demissionário da Receita Federal não era patriota e muito menos tetra-campeão do mundo.

Em agosto de 1994, a CBF quitou apenas uma parte do valor devido, enquanto jogadores e integrantes da comissão técnica pagaram as dívidas com o fisco. O episódio ainda teve efeitos nos anos seguintes, com muita discussão na justiça. Em 2009, depois de uma ação movida pelo Ministério Público Federal, Ricardo Teixeira foi condenado. Ele teve direitos políticos suspensos por três anos em razão dos prejuízos causados aos cofres públicos.

Manchetes dos jornais (Brasil 0 x 0 Itália - 3 x 2 - pênaltis)

Folha de S.Paulo: "Brasil é tetra"

Estado de S.Paulo: "O Brasil é tetra"

O Globo: "Tetra"

Jornal dos Sports: "Pode festejar, galera. O Brasil chegou lá: o tetra é nosso"

Jornal do Brasil: "Brasil é tetra"

Gazeta Esportiva: "A cara do tetra"

"Em 70, você comemorou o tri com a Globo em cima da Itália. Agora, vamos buscar o tetra. Vamos torcer juntos: Brasil e Itália, ao vivo, amanhã, a partir das três da tarde."

(Chamada da TV Globo para transmissão da final da Copa)

Galvão Bueno solta a voz ao lado de Pelé: "é tetra, é tetra, é tetra"
(*Reprodução*/TV Globo)

11

"É tetra! É tetra! É tetra!"
A cobertura da Copa na TV, no rádio e nos jornais

A nossa memória afetiva é sempre ativada quando entramos em contato com algo capaz de provocar esse resgate. As lembranças, muitas vezes, estão totalmente esquecidas até o momento em que, por exemplo, vemos uma imagem, assistimos a um filme, sentimos um cheiro ou ouvimos uma voz. O futebol também é capaz de despertar as nossas memórias afetivas: o quintal da nossa casa quando jogávamos bola, a rua do bairro, as vezes em que fomos ao estádio ou, simplesmente, quando torcemos por um clube ou seleção na frente na TV ou ouvindo o rádio.

Além de se recordar de uma determinada partida, uma jogada ou um gol, nós podemos nos lembrar de quem estava conosco naquele dia, mês e ano. Como a Copa é disputada a cada quatro anos, certamente você tem alguma memória do "maior espetáculo da Terra". Você pode não se lembrar exatamente em que ano a seleção ganhou ou perdeu, mas certamente se lembra de algum jogo que marcou ou com quem você assistiu a uma determinada partida: família, amigos etc.

A Copa de 1994, disputada nos Estados Unidos, impactou a vida de milhões de brasileiros. Foi um momento marcante, festivo, emocionante e, por que não, dramático! O futebol, diziam os antigos cronistas esportivos, é a "coisa" mais importante das menos importantes, mas traz emoção e sofrimento que as "coisas" que realmente importam em nossa vida não são capazes de provocar. E quando falamos sobre as Copas, os veículos de comunicação também ajudam a construir e ativar a nossa memória afetiva. As vozes dos narradores, dos comentaristas, dos repórteres, a capa de um jornal, de uma revista ou uma reportagem inesquecível fazem parte de tudo isso.

A imagem de Galvão Bueno, ao lado de Pelé e de Arnaldo Cezar Coelho, aos gritos de *"é tetra, é tetra, é tetra..."*, resistiu ao tempo, virou "meme" já nos tempos de *internet*, além de ser um momento lembrado quando alguém faz referência a uma meta alcançada na vida ou uma conquista. Em depoimento para este livro, o narrador se diverte com a história: *"A grande coroação para mim é aquela imagem que foi para o mundo inteiro. Eu brinco com o Arnaldo: 'Arnaldo, você pensa que é porque você foi juiz da final de 1982?' Ou por que Galvão Bueno estava ficando importante? Nós entramos ali de carona com o Pelé. Com o Brasil tetracampeão, quiseram mostrar o Pelé comemorando. 'Acabou, acabou; é tetra, é tetra'. Arnaldo puxa meu óculos, quase me enforca, me dá um 'mata-leão', hahaha! Não existia ainda rede social, não existia ainda essa coisa de internet. Essa imagem acabou sendo tão importante que hoje faz parte desse novo mundo"*. Galvão aponta que mesmo os que nasceram depois de 1994 o reconhecem na rua e gritam: *"é tetra"*. Ele se diz honrado quando o apontam como a voz do tetracampeonato.

Aquele momento também é recordado com muito carinho por Arnaldo Cezar Coelho: *"A TV americana filmava as reações do Pelé. E o Galvão era o 'papagaio de pirata' do Pelé e eu era 'papagaio de pirata' do 'papagaio de pirata' que era o Galvão. E assim, a TV americana acompanhou toda decisão por pênaltis com uma câmera filmando a gente. Quando o Baggio chutou para fora, nós nos abraçamos e eu dei uma 'gravata' no Galvão que gritava 'é tetra, é tetra, é tetra'. Ali, foi o grande momento da Copa do Mundo"*.[120]

Se em 1970, ano da conquista do tri, eram quatro milhões de aparelhos de televisão para noventa milhões de brasileiros, em 1994, cerca de 80% dos lares já possuíam TV, enquanto o rádio atingia quase 90%

---

120. Depoimento ao autor em novembro de 2023.

das residências ou carros.[121] O mundo ainda era maciçamente analógico. O celular engatinhava e somente no fim daquele ano a Embratel, ainda uma empresa estatal, iria iniciar o serviço experimental de acesso à *internet*.

A imensa maioria dos narradores em 1994 não exercia ainda a profissão em 1970. É o caso do próprio Galvão: *"Desde que me entendo por gente, as narrações de Fernando Solera, Geraldo José de Almeida, Walter Abrahão e de Oduvaldo Cozzi, no tri no México, significavam muito para mim. E imagine, 24 anos depois, unir o meu nome a esses grandes"*. Em seu depoimento, Galvão Bueno faz questão de citar Luciano do Valle como outro grande nome da TV.

O interesse da população brasileira pela Copa de 1994 fez com que a audiência do mundial superasse a registrada em 1990. Uma reportagem da *Folha de S.Paulo*, publicada em 7 de julho, dizia que o crescimento foi de 5% quando analisados os quatro primeiros jogos da seleção. Na Grande São Paulo, a audiência acumulada entre as três emissoras que exibiram a Copa foi, em média, de 72 pontos, sendo que cada ponto equivalia a 40 mil domicílios.

Globo, Bandeirantes e SBT compraram os direitos de transmissão para aquele ano. O pesquisador de TV e jornalista Fábio Marckezini destaca que a briga pela audiência do telespectador sempre foi acirrada: *"A Globo liderou com muita folga, não só pelos profissionais, mas pelas questões técnicas, como o número de câmeras, um replay instantâneo dos gols, a assinatura dos jogadores na tela e as músicas"*. *"Foram sete capítulos de uma novela dramática"*, brinca o jornalista. Aliás, nunca uma Copa vencida pelo Brasil teve tanto drama. A Globo também dava ênfase à comoção nacional por causa da morte de Ayrton Senna e usou o "tema da vitória" durante as comemorações pela conquista do tetra.

Na época, apesar da geração de imagens ser única, a FIFA ainda não proibia que cada emissora interferisse na transmissão. Marckezini aponta que, naquele ano, a Bandeirantes retomou a vice-liderança das transmissões da Copa que tinha perdido para o SBT em 1990. *"A Band*

---

121. Essa proporção só se inverteria a partir da PNAD contínua do IBGE de 2001.

fez um investimento forte na equipe de comentaristas. Eram grandes nomes como Zico, Rivellino, Gérson, Tostão, Armando Nogueira, Juarez Soares e o próprio Luciano do Valle". Por outro lado, o SBT, com menos tradição no futebol do que a concorrência, tinha feito grandes investimentos em 1990. Entretanto, quatro anos depois, não trouxe novidades, como veremos abaixo. Na final entre Brasil e Itália, a Globo atingiu 53 pontos de audiência, a Band chegou a 14 e o SBT ficou com 11, segundo o Ibope.[122] Dos 52 jogos da Copa, a Bandeirantes foi a que mais fez transmissões ao vivo:

Emissora	*Jogos ao vivo*	*Reprises*
Globo	21	—
Bandeirantes	45	7
SBT	42	10

Em todo o planeta, a audiência acumulada foi de 31 bilhões de espectadores (média de 600 milhões por partida), um crescimento médio de 17% na comparação com o mundial da Itália, em 1990. Praticamente nenhum país do globo ficou sem as imagens da Copa. Cerca de sete mil jornalistas estiveram nos Estados Unidos para cobrir a competição, sendo 586 deles brasileiros, de acordo com o pesquisador Marcos Garcia (Craques do Microfone).

Na TV americana, a audiência também foi surpreendente, de acordo com o *Estado de S.Paulo*: *"Os índices de audiência de TV atingiram talvez o dobro do esperado pela ABC e pela ESPN, tendo ultrapassado os índices da época de cobertura de Wimbledon e do Campeonato Aberto de Golfe dos Estados Unidos".* A rede *ABC* registrou no jogo entre Estados Unidos e Romênia o índice de 6,8 pontos, sendo que cada ponto equivalia a 942 mil aparelhos ligados. No dia da final da Copa, a emissora americana utilizou imagens ao vivo da Bandeirantes das comemorações pelo Brasil.[123]

---

122. Os índices são semelhantes aos registrados pelas três emissoras no jogo anterior, contra a Suécia.

123. Informação relativa à pesquisa do jornalista Fábio Marckezini.

Rede Globo: "é taça na raça, Brasil"

A emissora líder de audiência no Brasil apelava para a emotividade para cativar o público. Depois do fracasso de 1990, quando a seleção voltou para casa depois da derrota nas oitavas de final, a emissora investiu pesado em tecnologia ao alugar dois canais de satélite e utilizar quatro câmeras exclusivas, sendo três instaladas no nível do gramado.[124] Um sistema de câmera lenta permitia ao telespectador ter acesso à imagem com textura de cinema, sem as falhas normais do videoteipe. Claro que ainda estamos falando da TV analógica, mas já era um grande avanço. Outro recurso especial utilizado foi o tira-teima, que existia desde a Copa de 1986, no México. Cerca de 140 profissionais foram enviados aos Estados Unidos, sendo que a ancoragem das transmissões era feita a partir do centro de imprensa da Copa, em Dallas.

Um fato marcante foi a estreia da música *"Coração verde-amarelo"* nas transmissões esportivas da emissora: *"Na torcida são milhões de treinadores/Cada um já escalou a seleção/O verde e o amarelo são as cores/ Que a gente vibra no coração/A galera vibra, canta, se agita/E unida grita: é tetracampeão/O toque de bola/É nossa escola/Nossa maior tradição/Eu sei que vou/Vou do jeito que eu sei/De gol em gol/Com direito a 'replay'/Eu sei que vou/Com o coração batendo a mil/É taça na raça, Brasil!"* A cada gol da seleção, o telespectador ouvia um trecho da música, sem a letra, além de ver a assinatura do jogador brasileiro que tinha balançado as redes adversárias. Na final, a emissora homenageou Taffarel da mesma maneira, ao mostrar a defesa dele no pênalti cobrado por Massaro.

Galvão Bueno (narrador), Pelé (comentarista) e Arnaldo Cezar Coelho (análise de arbitragem) eram presenças marcantes, principalmente nas partidas da seleção. Arnaldo relembra que foi a segunda Copa dele como comentarista de arbitragem[125]: *"Eu me lembro perfeitamente que eu ficava em Dallas, onde era a central de imprensa da Copa, e a gente ia para os jogos e voltava. E assim eu acompanhei todos os jogos da seleção brasileira e outros importantes, feitos no local e em Dallas, do estúdio".* O ex-árbitro,

---

124. https://memoriaglobo.globo.com/esporte/copa-do-mundo-dos-estados-unidos-1994
125. A primeira Copa de Arnaldo Cezar Coelho tinha sido em 1990, na Itália.

que apitou a final da Copa de 1982, na Espanha, elogia a organização do mundial dos Estados Unidos, mas pondera que o calor era muito forte.

Arnaldo revela uma história curiosa de bastidor: *"Foi uma Copa diferente, pois eu estava trabalhando ao lado do Pelé e o FBI fazia a proteção dele e eu também me sentia protegido. Porque eu, Galvão e Pelé éramos cercados pelos policiais do FBI, o Galvão falava para mim: 'Arnaldo, o FBI está aqui por causa do Pelé' e eu respondia: 'pois é, mas eu estou aqui tirando casquinha dessa segurança do FBI'"*.[126]

Oliveira Andrade e Cléber Machado também comandaram as transmissões da Copa pela Globo, ao lado do comentarista e ex-goleiro Raul Plassmann. Entre os repórteres, destacavam-se Tino Marcos, Roberto Thomé, Roberto Cabrini, Marcos Uchôa, Pedro Bial e Fátima Bernardes. Profissionais de outras áreas do jornalismo, como Carlos Nascimento e Ernesto Paglia, foram destacados para a cobertura do mundial de 1994.

A Globo joga pra você.

Propaganda publicada nos jornais
(Acervo pessoal do autor)

---

126. De acordo com Arnaldo, o governo americano elegeu Pelé como pessoa de interesse no mundial e, por isso, resolveu adotar o esquema de segurança.

Ernesto Paglia, por exemplo, que trabalhou na Globo por quarenta e quatro anos, confessa que nunca foi ligado ao futebol. Em 1982, por falar italiano, acabou destacado para acompanhar a *"Squadra Azzurra"*, campeã naquele ano, o que se repetiu doze anos depois. *"Em 1994, eu participei brevemente [da cobertura da seleção italiana] e vou te falar que Nova Iorque não estava nem aí para a Copa do Mundo. Foi o início desse fascínio que os americanos têm hoje pelo o 'soccer', principalmente o feminino. [...] Eu me lembro que era uma pedreira para a gente conseguir fazer matérias. [...] Eu me lembro que o New York Times fez um editorial dizendo que o futebol não tinha nada a ver com o país"*[127], destaca o jornalista ao comentar o trabalho dele em 1994. Paglia cita que os americanos montaram um grande esquema de segurança ao redor do hotel onde ficaram hospedados os italianos, em Nova Jersey. *"Na estrada, a gente já era barrado pela polícia"*, conta. Ernesto Paglia pediu para voltar ao Brasil antes da final da Copa, pois sugeriu à emissora que escalasse um jornalista especializado em futebol naqueles momentos decisivos.

Carlos Nascimento, um dos grandes nomes do telejornalismo brasileiro e dono de um dos maiores improvisos já vistos na TV, fez um trabalho pioneiro em 1994. Ele ancorou blocos inteiros do *Jornal Nacional* diretamente dos Estados Unidos. Não de um estúdio, mas de qualquer lugar em que estivesse a seleção brasileira. O formato que hoje é muito comum em qualquer cobertura esportiva, na época praticamente não existia em se tratando de uma transmissão ao vivo. *"Falaram que eu ia fazer uma ancoragem que nunca tinha sido feita. No Jornal Nacional, eles me chamavam [do Brasil] e eu conduzia toda parte da Copa de lá [dos Estados Unidos], ao vivo, só que com um detalhe, eu não tinha teleprompter"*[128], relembra. Nascimento recebia o texto impresso e, na hora de falar diante das câmeras, tinha que improvisar em cima do que estava escrito: *"eu não decorava, porque não sou ator"*. Mesmo no calor americano, o jornalista usava terno, mas não reclamava: *"Todo mundo falava que eu era louco, mas o calor da Califórnia é muito diferente do que temos no Brasil. Lá não tem*

---

127. Depoimento ao autor em agosto de 2023.

128. Entrevista ao jornalista Fábio Marckezini em novembro de 2023. Nascimento cita a ausência do *teleprompter*. O equipamento é uma tela acoplada à frente da lente de uma câmera e que traz o texto que deve ser lido durante a apresentação da notícia.

umidade. O calor seco não faz você suar. A tolerância é maior e eu usava a lã fria. Eu nunca tive incômodo nenhum. Eu ia ficando vermelho por causa do sol, mas não suava", brinca.

O narrador esportivo Oliveira Andrade saiu do Brasil curioso para saber como seria acompanhar uma Copa em um país sem tradição no futebol. *"Por onde eu andei, sempre que alguém vinha falar conosco sobre futebol era gente de outros países, como italianos e brasileiros, claro. Já os americanos pareciam não estar nem aí para a Copa"*, recorda. Oliveira frisa que o sucesso de público foi grande, mas os migrantes eram a grande maioria e que mesmo os voluntários que trabalharam durante o torneio desconheciam o impacto da Copa. *"Eu e Carlos Dornelles [repórter] fomos para Boston. Na véspera tinha chovido e as posições de rádio e TV não eram cobertas. Não tinha cabine. No último andar de uma arquibancada, eles armaram uma estrutura de madeira, levantaram uma lona para cobrir esse setor de narração, e a lona encheu de água. Aí, no dia do jogo, bateu uma ventania e tomamos um banho"*, conta Oliveira. O narrador lembra que a tecnologia não tinha avançado como hoje. Nem sempre as ligações por celular se completavam. Já os aeroportos viviam lotados e o calor era um grande desafio.

A Copa de 1994 é marcante para Cléber Machado, pois foi a primeira em que trabalhou *in loco*. Em 1990, na Itália, ele tinha feito as transmissões no Brasil. *"Na véspera da final, eu transmiti a decisão do terceiro lugar no Rose Bowl, na mesma posição onde no dia seguinte estariam o Galvão, o Pelé e o Arnaldo. Entretanto, depois, resolvi retornar a Dallas, onde era o centro de imprensa, e assisti à final de lá. O que eu lembro bem é que quando o Brasil foi campeão, saí do nosso escritório, sozinho, e fui dar uma volta pelo centro de imprensa, tipo volta olímpica, sabe? Para mostrar que eu era do país campeão"*, descreve Cléber. Um outro momento marcante para o narrador foi quando transmitiu o jogo entre Argentina e Grécia, no Foxboro Stadium. Além de ter sido o último gol de Maradona em Copas, Cléber Machado conta que, na véspera, viu o craque bem de perto durante um treino.

A Globo também apostou no humor ao destacar para a cobertura os integrantes do grupo *Casseta e Planeta*.

A Copa de 1994 foi a primeira com TV a cabo no Brasil. No entanto, o SporTV (inicialmente lançado como Top Sports, em 1991), emissora da Globosat, não transmitiu nenhum jogo ao vivo, apenas reprisou as partidas. O jovem narrador Luiz Carlos Jr. deu voz aos jogos e tinha como comentaristas o jornalista Sérgio Cabral e os ex-jogadores Edinho, que marcou época no Fluminense, e Esquerdinha, ex-Flamengo. A equipe não foi aos Estados Unidos, fazia as transmissões nos estúdios do Rio de Janeiro.

"Em 1994, eu já estava narrando há um ano e meio. O canal [SporTV] era muito jovem, então a gente queria fazer uma coisa bacana, caprichada, diferente e havia sentimento de futuro, de que um dia seria grande"[129], conta o narrador. Luiz Carlos Jr. lembra que, como o SporTV só exibia a gravação dos jogos à noite, aproveitava para se assistir e corrigir eventuais falhas ou erros: *"sempre fui perfeccionista"*. Ele ressalta o bom relacionamento com a equipe e guarda com carinho lembranças do convívio com Sérgio Cabral.

TV Bandeirantes: *"é Copa do Mundo/de agora em diante/é olho na bola, é olho na Band"*

A emissora do bairro do Morumbi, em São Paulo, fez um grande investimento e foi para a Copa com 80 profissionais. A equipe, comandada pelo saudoso narrador Luciano do Valle, apostou em nomes de peso do jornalismo, como Armando Nogueira e Juarez Soares, e de ex-jogadores e profissionais do esporte: Gérson, Rivellino, Tostão, Zico[130], Mário Sérgio e o ex-preparador Júlio Mazzei.

Uma história curiosa envolve o tricampeão Tostão, Eduardo Gonçalves de Andrade, um dos maiores nomes da história do futebol mundial. No início dos anos 70, depois de encerrar precocemente a carreira por causa do deslocamento de retina, ele cursou medicina e passou a exercer a profissão. *"Quando eu fui convidado para ir à Copa do Mundo,*

---

129. Depoimento ao autor em outubro de 2023.

130. Zico resolveu ficar no Brasil, pois a esposa, Sandra, tinha perdido um parente e quis dar apoio a ela. Entretanto, participou das transmissões da Copa.

eu estava trabalhando diariamente com a medicina, não tinha nenhuma pretensão de voltar ao futebol. Mas, de repente, surgiu o convite, eu tirei férias e fui para a Copa"*[131]*, conta Tostão.

O ex-jogador relembra que teve a chance de rever antigos colegas da seleção: *"Eu fiquei em Dallas, onde estava o centro de imprensa. Eu não acompanhei de perto a seleção, que ficava na Califórnia. Fiquei junto com Armando Nogueira, por exemplo, um dos grandes do jornalismo brasileiro. E, de lá, nós assistimos aos jogos pela televisão. Eu fazia o programa diário [Apito Final] e me encontrei com o Gérson e o Rivellino, comentaristas oficiais da seleção. Um dia eles foram a Dallas, encontrei com eles, foi ótimo. Tinha mais de 20 anos que eu não via nenhum dos dois".* Dos sete jogos do Brasil, Tostão só assistiu no estádio ao duelo Brasil e Holanda, por ter sido disputado em Dallas.

Além de Luciano do Valle, os narradores Silvio Luiz, Jota Júnior e Marco Antônio foram à Copa. "Nos Estados Unidos, transmiti jogos que não eram do Brasil porque os nossos eram transmitidos pelo Luciano do Valle. Na final, por falta de ingressos, assisti à partida do hotel, tomando sorvete, devido ao calor, mas sempre é uma emoção forte ver o Brasil na final", relembra Silvio Luiz, dono de bordões como "olho no lance" e "pelo amor dos meus filhinhos". Assim como outros narradores, Silvio mencionava o Plano Real durante as transmissões dos jogos da Copa. Por causa disso, ele recebeu, depois do mundial, uma homenagem do presidente Itamar Franco em Brasília. Silvio Luiz faleceu, aos 89 anos, em 16 de maio de 2024, pouco antes do lançamento deste livro.

Jota Júnior, conhecido carinhosamente por *"Jotinha"*, aponta que a maioria dos jogos era transmitida com os narradores presentes nos estádios. *"O que chamou muita atenção naquela Copa foi o fortíssimo calor nos horários dos jogos. A sensação térmica poderia chegar facilmente a 45 graus célsius. Algo desumano. Os americanos não deram realmente muita atenção para a Copa"*, conta o narrador. Poucos jornais locais traziam informações sobre o torneio. Jota cita uma passagem curiosa envolvendo José Luiz Datena: *"O Datena, que era um dos nossos repórteres, procurava*

---

131. Depoimento ao autor em agosto de 2023.

sempre um enfoque diferente. Pautaram ele para falar com o Charles Bronson [ator]. Descobriram onde ele almoçava e a reação dele foi assim: 'Copa do Mundo de futebol. O que é isso? Está acontecendo aqui?"

**ASSISTA HOJE NA BAND
AS CHUTEIRAS BRASILEIRAS
DRIBLANDO OS TAMANCOS
HOLANDESES.**

Propaganda publicada nos jornais
(Acervo pessoal do autor)

A Bandeirantes levava ao ar, diariamente, o *Apito Final*[132], mesa-redonda comandada por Luciano do Valle com todos os comentaristas da emissora. O programa era transmitido do centro de imprensa, em Dallas. Além das análises, os telespectadores assistiam aos melhores momentos das partidas do dia e a cobertura da seleção brasileira. O *Apito Final* era um diferencial da Band, pois a Globo, ao contrário de outras Copas, não tinha uma mesa-redonda.

---

132. O *Apito Final* não era novidade, pois já tinha sido exibido em 1990, na Itália.

Da esquerda para direita: Orlando Duarte (SBT), Muniz (Band), Mário Sérgio (Band) e Telê Santana (SBT)
(Acervo pessoal de Octávio Muniz)

Os repórteres Eli Coimbra, José Luiz Datena, Silvia Vinhas e Octávio Muniz percorriam os Estados Unidos cobrindo as seleções. Muniz guarda boas lembranças da equipe de esportes da Bandeirantes e da cobertura nos Estados Unidos. Para superar as dificuldades de logística, conta ele, a emissora alugou um jatinho da TAM, esquema armado por Luciano do Valle que era amigo do comandante Rolim Amaro, dono da companhia aérea. *"Fazíamos a cobertura do jogo e depois voltávamos para a base, em Dallas, para o 'Apito Final'"*[133], conta Tatá, como é carinhosamente chamado.

A equipe da Band ficou em um mesmo hotel na cidade texana e se dava muito bem. Octávio Muniz exalta a figura de Luciano do Valle, que estava empolgado com o trabalho na Copa, principalmente depois de sair na capa da revista *IstoÉ,* cujo título era *"O dono das bolas".*[134] A reportagem

---

133. Depoimento ao autor em agosto de 2023.

134. Edição lançada em 16 de março de 1994.

detalhava a estratégia da Bandeirantes para tentar bater a audiência da Globo no mundial.

Muniz se orgulha de ter dado em primeira mão a notícia de que Maradona havia sido pego no exame *antidoping*: *"Eu estava no estádio, todo mundo tinha ido embora, ficamos eu e um repórter da Rádio Continental de Buenos Aires. De repente, entra pelo portão do estádio, em Dallas, no Cotton Bowl, o Julio Grondona [presidente da Associação de Futebol Argentino]"*. O dirigente tinha combinado de dar entrevista ao repórter argentino para contar sobre o *doping* de Maradona. Tatá estava no lugar certo, na hora certa e também recebeu a informação em primeira mão e entrou ao vivo na programação da Band.

A partir da esquerda: Octávio Muniz, Silvio Luiz, Botinha e Mário Sérgio
(Acervo pessoal de Octávio Muniz)

Durante a Copa, as emissoras instalaram telões para atrair os torcedores nos jogos do Brasil. O da Bandeirantes ficava no Anhangabaú. A revista *Manchete* informava que mais de cem mil pessoas acompanhavam as partidas do "telão jumbo". Já a estrutura da Globo também estava instalada na região central de São Paulo, mas foi transferida para a Avenida Paulista no dia da decisão contra a Itália.

SBT: *"a melhor jogada é aqui"*

Com uma equipe mais enxuta na comparação com as outras emissoras, o SBT enviou cinquenta profissionais para a cobertura da Copa. Era uma transmissão menos emotiva do que da Globo e menos crítica do que a da Bandeirantes. A emissora de Silvio Santos criou uma música especial: *"Brasil, Brasil, Brasil/Balança a rede agora/Pra galera explodir/ Nós vamos conseguir/Chegou a hora/Vamos comemorar/Ai-ai-ai-ai-ai-ai-ai/ Em cima, embaixo e puxa e vai, Brasil!/Brasil, Brasil, Brasil/Levanta a taça/ Vibra mais seleção/Jogando com raça/Com ginga e amor/Com jeito, com graça/Seja como for/Nós vamos juntos/Sentir essa emoção/E na galera explode coração/Êêê, lê-lê-ô, lê-lê-ô, lê-lê-ô, lê-lê-ô, Brasil"*.

Além da música, o SBT manteve o "Amarelinho", desenho animado criado na Copa de 1990 pelo departamento de arte da emissora. Na época, o diretor de esportes era o jornalista Roberto Cabrini.[135] Durante os jogos, a mascote demonstrava os sentimentos do torcedor: alegria, tristeza e sofrimento.

Amarelinho com a bandeira brasileira
(SBT/Divulgação)

---

135. Em 1994, Cabrini já tinha voltado para a Rede Globo.

Durante a Copa de 1994, os telespectadores foram surpreendidos com a imagem do Amarelinho "nocauteando" o técnico Carlos Alberto Parreira. Veja abaixo:

Amarelinho dá "soco" em Parreira
(SBT/Imagem)

Os jogos da seleção brasileira eram narrados por Luiz Alfredo[136], que seguiu os passos do pai, Geraldo José de Almeida, um dos maiores nomes do rádio e da televisão de todos os tempos, lembrado pelo bordão *"olha lá, olha, lá, olha lá no placar"*. Em 1958, Geraldo trabalhava na Rádio Panamericana (atual Jovem Pan) e deu voz ao primeiro título da seleção. Em 1962, ele fez a transmissão do bicampeonato pela Rádio Record.[137] Já em 1970, ano do tri, na primeira Copa ao vivo, via satélite pela televisão, o narrador estava na TV Globo e participou do *pool* de emissoras que formaram a Rede Brasileira de Televisão[138] (os outros narradores eram Fernando Solera, Walter Abrahão e Oduvaldo Cozzi).

Em 1994, coube a Luiz Alfredo gritar *"o Brasil é tetracampeão do mundo"*. Além dele, o SBT contava com Osmar de Oliveira e Carlos Valladares. Já os comentários ficavam a cargo do jornalista Orlando

---

136. Luiz Alfredo já tinha sido narrador da Globo.

137. Tanto a Record como a Panamericana eram de propriedade de Paulo Machado de Carvalho, chefe da delegação brasileira no bicampeonato em 1958 e 1962.

138. Do México, vinham apenas um som e uma imagem e as emissoras tiveram de se revezar em uma transmissão única. Mais informações estão em *"1970 - O Brasil é Tri"* (Letras do Pensamento/2020).

Duarte, do técnico Telê Santana e do capitão do tricampeonato, Carlos Alberto Torres. Aliás, o "capita", como era chamado, chorou de emoção, ao vivo, com o título conquistado em 17 de julho, dia do aniversário dele. Enquanto isso, os repórteres destacados pelo SBT eram Antônio Petrin, Arnaldo Duran e Luiz Ceará.

Em depoimento para este livro, Ceará lembra que, apesar das dificuldades de se aproximar dos atletas da seleção durante a Copa, era amigo do lateral Branco e acompanhou de perto a recuperação do jogador. O repórter fez uma entrevista exclusiva com o jogador depois da vitória contra a Holanda. *"Romário, por exemplo, não queria saber de treinamento físico. Ele treinava, mas bem menos do que os outros. O preparador físico da seleção pegou pesado e alguns jogadores sentiram demais, como o Branco"*, conta Ceará. O jornalista fazia reportagens para o *Aqui Agora* e demais telejornais do SBT, como o *TJ Brasil*.

Ceará se recorda da boa relação que tinha com Telê Santana e brinca: *"Era um pão-duro que não pagava nem café"*. Sobre Orlando Duarte, um dos maiores conhecedores de esportes do país e chamado de "eclético", Luiz Ceará classifica o colega como culto e perfeito: *"Se ele tivesse que gravar um boletim de trinta segundos, ele falava vinte e nove"*.

Um dos momentos mais marcantes para Luiz Ceará foi no dia da final. A FIFA sempre proibiu repórteres de trabalhar no gramado, apenas cinegrafistas e fotógrafos são permitidos. Então, as emissoras deram um jeitinho. *"A Globo, o SBT e a Bandeirantes adquiriram para nós, repórteres, credenciais de fotógrafos"*, conta o jornalista. Resultado: com microfone escondido, Ceará acompanhou, junto com o cinegrafista Javier Malavasi, a disputa por pênaltis atrás do gol e "narrou" com muita emoção os lances. A reportagem foi exibida no *Aqui Agora*.[139] *"Eu fiz o papel de torcedor que secava o adversário. Deixei de ser repórter para ser torcedor"*, resume. Depois, Ceará, assim como Tino Marcos da Globo, conseguiu entrevistar no campo alguns jogadores, mas acabou sendo retirado por policiais. Já Eli Coimbra, da Band, teve a credencial roubada e não entrou no gramado.

---

139. A reportagem pode ser revista no YouTube com o título *"A grande final de 1994!"*: https://www.youtube.com/watch?v=8m7b8kfyMEs&t=1487s

Que azar!

Da esquerda para direita: Telê Santana, Osmar de Oliveira e Luiz Alfredo (SBT/Francisco Inácio)

O telespectador do SBT acompanhava, além das transmissões, o programa *Jô na Copa*, transmitido nos fins de noite diretamente dos Estados Unidos. Jô Soares, fã de futebol, recebia convidados que eram fixos ou se revezavam, como os jornalistas Matinas Suzuki, Alberto Helena Júnior, Fernando Calazans e Sérgio Noronha e os ex-jogadores Hideraldo Luiz Bellini, Jairzinho e Carlos Alberto Torres.

Em maio de 1994, Jô declarou ao jornal *O Globo*: *"Vamos fazer modificações [em relação ao 'Jô onze e meia'], a começar pelo nome do programa. Ele passará a se chamar Jô na Copa. Teremos uma outra estrutura, um outro ambiente e outro cenário. O estúdio do SBT vai se mudar do Sumaré para Los Angeles"*. A emissora exaltava ser vice-líder de audiência, atrás da Globo, mas, como vimos, na média da Copa, ficou em terceiro, depois da Globo e da Bandeirantes.

Frame da abertura do programa *Jô na Copa*
(SBT/Reprodução)

PROGRAMA DE CULINÁRIA NO SBT: COMO FRITAR CAMARÕEZINHOS VIVOS.

BRASIL X CAMARÕES. DIA 24, ÀS 17 HORAS.

VEJA O BRASIL SER （sbt） CAMPEÃO NO VICE.

Propaganda publicada nos jornais
(Acervo pessoal do autor)

Durante a Copa, emissoras de TV que não tinham adquirido os direitos de transmissão, como Cultura, CNT e MTV, acusaram Globo, SBT e Bandeirantes de não cederem imagens dos jogos da seleção para a utilização em telejornais. Na época, um "pacote" só com os gols da equipe brasileira custava US$ 15 mil. A Cultura, a Record e a Manchete encontraram uma alternativa: utilizavam imagens cedidas pela americana CNN.

Uma outra polêmica que surgiu durante a Copa foi uma imagem da Globo captada por alguns telespectadores de antena parabólica. Depois do terceiro jogo da seleção, Galvão Bueno aparece recebendo, pelo fone de ouvido, orientações de alguém da área técnica de que deveria interromper Pelé por causa da extensão dos comentários do Rei. Galvão se recusou a acatar a determinação em respeito ao maior camisa 10 do futebol em todos os tempos.

O tetra pelas ondas do rádio: de norte a sul do país

A primeira Copa transmitida ao vivo pelo rádio para o Brasil foi a de 1938, disputada na França. O veículo reinou sozinho até 1970, quando ganhou a concorrência da TV ao vivo, via satélite. Claro que o futebol é visual, mas as transmissões esportivas pelo rádio sempre tiveram um público cativo. Nas Copas, por exemplo, é comum torcedores baixarem o som da TV para ouvir as emoções radiofônicas, como diziam os antigos narradores.

Ao menos quinze emissoras de rádio compraram os direitos de transmissão para o mundial dos Estados Unidos. *"[...] a permissão para transmitir o mundial foi 30 vezes mais barata do que para as TVs: US$ 100 mil [...]"*, segundo a *Folha de S.Paulo*. Na época, as emissoras estavam começando a utilizar celulares. Entretanto, a tecnologia era cara e nem sempre a ligação se completava. Os profissionais também se deparavam com dificuldades em obter informações básicas sobre os jogos, mesmo estando nos Estados Unidos. Com as dimensões continentais do país e o desinteresse da população local pela Copa, o comentarista Flávio Prado, da Jovem Pan, lembra que precisava telefonar ao Brasil para saber os resultados dos jogos.

Por falar em Jovem Pan, o narrador José Silvério revela que, como qualquer brasileiro, ficou satisfeito com o título, mas pondera: *"Eu tenho uma opinião diferente da maioria dos locutores. Eu não tenho nada a ver com a vitória ou com a derrota da seleção brasileira. Eu só retrato o que acontece dentro de campo. Eu não faço a vitória e não faço a derrota. Não tenho tristezas das derrotas, mas fico feliz com a vitória. Não me sinto importante porque o Brasil ganhou*".[140]

O locutor trabalhou em onze mundiais, de 1978 a 2018, e é taxativo em relação à seleção do tetra: *"Não existe essa história de que ganhou, mas não convenceu. A partir do momento em que você ganhou, você convenceu"*. Quando Baggio errou o pênalti, Silvério gritou no microfone da Pan: *"Eu vou soltar a minha voz: o Brasil é tetracampeão do mundo"*.

Nilson César, o narrador mais longevo da história da Jovem Pan, destaca que o Brasil viveu naquele ano dois momentos distintos. *"A morte de Ayrton Senna foi talvez a maior tristeza esportiva do país e também tivemos uma grande alegria com a conquista da Copa. Mas é curioso, o título de 1994 foi comemorado, mas acho que de uma maneira ofuscada"*, conta Nilson, que transmitiu a corrida fatídica de Senna na Itália. O narrador também esteve nos Estados Unidos e destaca que a imprensa americana dava mais destaque ao caso do jogador de futebol americano O. J. Simpson, suspeito pela morte da ex-mulher e de um amigo.

A Jovem Pan enviou aos Estados Unidos comentaristas, como Flávio Prado, e repórteres, como Wanderley Nogueira. A emissora também escalou Milton Neves, um dos grandes apresentadores do rádio esportivo brasileiro e que depois migrou para a TV. Milton destaca que o trabalho dele, basicamente de ancoragem no estúdio, poderia ter sido feito no Brasil. Mas, mesmo assim, o profissional esteve nos Estados Unidos. *"Eu sou homem de retaguarda, mas um profissional de estúdio participar de quatro ou cinco Copas 'in loco' é uma primazia. O plantão esportivo não sai do estúdio da rádio dele no país de origem. A minha experiência em 1994 foi maravilhosa e a cobertura não foi difícil. Os americanos são especializados em grandes eventos"*, relata Milton Neves.[141]

Outra emissora de São Paulo, a Bandeirantes, contava com um dos maiores nomes do rádio esportivo do país: Fiori Gigliotti, diretor de esportes da emissora. Entretanto, ele ficou fora da cobertura, pois pretendia disputar um cargo público naquele ano e teve de cumprir uma

---

140. Depoimento ao autor em agosto de 2023.

141. Depoimento ao autor em setembro de 2023.

determinação da lei eleitoral de ficar longe dos microfones. Coube, então, a Éder Luiz e Dirceu Maravilha darem voz às partidas.

ESTA COPA NÃO VAI TERMINAR EM PIZZA.

Equipe comandada por Fiori Gigliotti
Narradores: Éder Luís, Dirceu Maravilha, Antônio Edson, Reinaldo Porto, Rogério Achilles. Comentaristas: Daimo Pessoa, Flávio Adauto. Repórteres: Roberto Monteiro, João Zanforlin, Cândido Garcia, Valmir Jorge, Pinheiro Neto, Ricardo Capriotti.

BRASIL x ITÁLIA
HOJE, ÀS 16:30 H.

RB
RÁDIO BANDEIRANTES
840 AM

A grande final da Copa começa mais cedo na Rádio Bandeirantes.
Cobertura completa com todos os detalhes a partir das 6 horas da manhã.

Chamada publicada nos jornais
(Acervo pessoal do autor)

O único narrador que trabalhou em 1970 e em 1994, dando voz aos dois títulos da seleção, foi Doalcei Bueno de Camargo[142], da Tupi,

---

142. Apenas cinco profissionais narraram os títulos do Brasil em 1958, 1962 e 1970: Pedro Luiz, Waldir Amaral, Jorge Curi, Oduvaldo Cozzi e Geraldo José de Almeida.

como frisa o pesquisador de rádio e idealizador do grupo "Craques do microfone", Marcos Garcia. Os demais profissionais gritaram *"é campeão"* pela primeira vez naquele ano, como José Carlos Araújo, o "Garotinho", que estava na Rádio Globo do Rio de Janeiro: *"A Copa de 1994 teve um sabor todo especial porque era o primeiro título que eu estava transmitindo profissionalmente. Na Copa de 70, eu fui coordenador, mas não transmiti"*.[143]

José Carlos Araújo torcia muito para o técnico Parreira e deu uma justificativa curiosa: *"O técnico da seleção era meu companheiro e professor no mesmo colégio que eu. Ele dava aula de educação física e eu dava aula de geografia no Colégio Estadual Professor Daltro Santos, na zona oeste do Rio de Janeiro"*. A Globo do Rio e a Globo de São Paulo se uniram naquela cobertura e contaram com um total de 21 profissionais.

Pela Globo de São Paulo, as transmissões foram comandadas por Osmar Santos e os fãs de rádio não poderiam imaginar que seria a última Copa dele. Em dezembro de 1994, a carreira do narrador foi interrompida por causa de um grave acidente em uma estrada do interior de São Paulo. Felizmente Osmar sobreviveu, mas teve perda de massa encefálica e ficou com problemas de locomoção e de fala.

A seguir, outros nomes do rádio que participaram das transmissões em 1994: Osvaldo Maciel e Reinaldo Costa (Record), Ênnio Rodrigues (Gazeta), Luiz Penido (Nacional), Armindo Antônio Ranzolin (Gaúcha), Haroldo de Souza (Guaíba), Willy Gonser[144] e Alberto Rodrigues (Itatiaia), Edgar Felipe (Clube de Curitiba), Alcir Ramos e J. Mateus (Paiquerê), Wanderley Ribeiro (CBN), Adilson Couto (Rádio Jornal de Recife), Roberto Queiroz (Rádio Clube de Recife) e Silvio Mendes (Sociedade da Bahia). Muitas dessas emissoras eram chamadas "cabeças de rede", ou seja, o som era retransmitido por afiliadas ou coligadas e o áudio chegava a milhões de ouvintes pelo país.

---

143. Depoimento ao autor em agosto de 2023.

144. Ícone da imprensa esportiva, Willy Gonser esteve na Copa de 1970 pela Rádio Nacional, mas teve destaque como repórter.

LUIZ PENIDO
Transmissão de 42 jogos da
COPA 94
RÁDIO NACIONAL 1130 KHz

Chamada publicada nos jornais
(Acervo pessoal do autor)

Os jornais brasileiros, como a *Folha de S.Paulo*, *Estadão*, *O Globo*, *Jornal dos Sports* e *Jornal do Brasil*, e revistas como *Placar*, *Manchete*, *Veja* e *IstoÉ* fizeram uma ampla cobertura da Copa. Foi um mundial ainda analógico, mas com alguns avanços da tecnologia, o que facilitava o trabalho da imprensa. O jornalista Luiz Carlos Ramos, profissional brilhante, que cobre as Copas desde 1970, estava no *Estadão* em 1994, e, na redação em São Paulo, coordenava a cobertura fazendo uma importante retaguarda.

Nas memórias dele, a Copa nos Estados Unidos é emblemática: *"O mundial de 1994 foi marcante por ter sido caracterizado pelo avanço da tecnologia, por algumas mudanças nas regras do futebol e, principalmente, pelo país sede, os Estados Unidos. Terra do basquete, do beisebol e do futebol americano (de bola ovalada), os Estados Unidos usaram a Copa como um modo de transformar o 'soccer', o futebol universal, num esporte popular junto aos jovens. E deu certo!"*

Para Luiz Carlos Ramos, a semente plantada por Pelé na segunda metade da década de setenta se consolidou com o mundial em terras americanas. *"Houve jogos nas três regiões metropolitanas mais populosas (Nova Iorque, Los Angeles e Chicago) e em outras cidades importantes, como Washington, Dallas, Boston e Orlando"*, ressalta o jornalista. Em relação ao futuro, ele é otimista: *"O futebol impera nas universidades e lota os estádios* do país neste milênio. E a ida do multipremiado Messi [tricampeão com a Argentina em 2022] para um clube da Flórida comprova o novo ciclo do esporte nos Estados Unidos".

Para ouvir as transmissões feitas pelo rádio na Copa de 1994 e os discos comemorativos da conquista, entre na plataforma Spotify (www.spotify.com) e busque o *podcast "1994: o Brasil é tetra"*. Se preferir, baixe um leitor de *QR code* no seu celular e faça a leitura do código abaixo:

A difícil relação da CBF com a imprensa

Ao conversar com os profissionais de imprensa que cobriram a seleção brasileira no período de 1990 a 1994, são inúmeros os relatos sobre as dificuldades de relação entre eles, jogadores, comissão técnica e CBF. As instabilidades eram variadas e dependiam também do posicionamento editorial do veículo. No caso da TV Bandeirantes, a emissora tinha uma linha mais crítica em relação ao desempenho do Brasil. Os comentaristas não perdoavam e faziam uma análise dura.

O jornalista Luiz Ceará exemplifica: *"A seleção sofreu muito com a imprensa. Eu duvido que tivesse jornalista que torcesse contra a seleção. Mas muitos torciam contra o Parreira e o Zagallo. [...] O SBT pressionava menos a seleção do que a Bandeirantes, por exemplo. Já a Globo não é contra* seleção nenhuma. A imprensa queria que fosse uma seleção encantadora, mas o Parreira queria um time para ganhar. Ninguém gostava do Dunga, mas ele conseguiu se vingar dos críticos. Aquela cobertura foi um jogo de quem queria uma coisa e de quem queria outra coisa"*, complementa.

O técnico Carlos Alberto Parreira dava entrevistas em inglês, o que irritava em parte a imprensa nacional. O excesso de segurança na concentração do Brasil também era motivo de reclamações. Para o treinador, as críticas são normais e a tática era ignorar os ataques: *"Eu tinha experiência de trabalhar na seleção desde os anos setenta. Os treinadores sempre sofreram pressão, como o próprio Zagallo. Qual era o segredo? Ignorar. Os jornalistas falam, escrevem o que quiserem e nós vamos fazer o que nós achamos que é correto. Vamos seguir a nossa filosofia e os nossos princípios. Eu sabia que para ganhar a Copa precisávamos de um time que soubesse se defender e atacar e que fosse fiel às nossas características"*.[145]

Ao percorrer as páginas dos jornais da época, é possível observar que a imprensa em 1994 era muito mais crítica na comparação com as coberturas das Copas de 1958, 1962 e 1970. As posições da CBF e do presidente da FIFA, o brasileiro João Havelange, geravam discórdia. Até Romário era, inúmeras vezes, atacado e sofria com matérias negativas que diziam que ele não gostava de treinar.

No dia da conquista, Romário fez um desabafo e partiu para o ataque contra os jornalistas. Ele declarou que a seleção brasileira jogou contra o adversário e contra 60% da imprensa brasileira, e que o título foi um "cala boca". *"Tenho certeza de que muitas rádios e de que muitas televisões que foram contra vão perder totalmente a sua audiência pelas palhaçadas que fizeram com a gente [...]. Eu não guardo rancor de ninguém. Acho que as pessoas tinham que acreditar mais no nosso trabalho. E o resultado foi a resposta. Só isso que tenho que dizer. [...] Vocês todos foram contra. Se quiserem fotografar, agora vão ter que ir lá na puta que o pariu"*, declarou Romário.

O jornalista Flávio Prado avalia que a imprensa não tinha boa vontade com a seleção de 1994: *"Até 1986, havia uma camaradagem entre a*

---

145. Depoimento ao autor em agosto de 2023.

imprensa e os jogadores. A maioria dos atletas atuava no Brasil, os clubes não tinham essa frescura de hoje de blindagem, era uma coisa aberta. Em 1990, com a chegada de mais jogadores que atuavam no exterior, eles vieram com uma cultura europeia de distanciamento. O Dunga, por exemplo, quando jogava no Corinthians, era nosso amigo. Depois, quando passou pela Europa, voltou cheio de 'marra'. A imprensa não estava acostumada com isso. Aí virou uma guerra, vocês querem briga, nós vamos brigar".

No caso da TV Bandeirantes, o jornalista Octávio Muniz reitera que a relação com a seleção brasileira era a pior possível. *"Nossa relação foi muito complicada. O falecido Eli Coimbra, que era o principal repórter da equipe naquela época, teve muitas dificuldades para fazer a cobertura".* Ele relata que, depois da Copa, um atleta teria enviado uma carta à direção da Bandeirantes reclamando do tratamento dado à seleção brasileira.

O narrador Jota Júnior confirma a relação difícil: *"Durante a Copa, a equipe da Bandeirantes foi muito dura nas críticas e a própria CBF esboçou um boicote aos nossos repórteres. E foi um momento difícil. A seleção não estava jogando mesmo o futebol que o brasileiro estava acostumado a ver. Essa é uma constatação minha".* As críticas feitas pelos comentaristas da Bandeirantes despertaram a ira de um grupo de vinte torcedores do Rio de Janeiro. Eles publicaram um anúncio fúnebre em um jornal proclamando que o programa *Apito Final* seria "enterrado" em 17 de julho, dia da final da Copa, e acusavam os cronistas de falta de patriotismo.

Relatos de bastidores indicam que até mesmo o clima eleitoral da época interferiu na cobertura. Jornalistas que seriam contrários ao futuro presidente Fernando Henrique Cardoso, por exemplo, atacavam a seleção, pois a vitória poderia beneficiar o *"establishment"* que estava no poder.

O fato é que, em meio às críticas, a seleção brasileira se fechou ainda mais. Os exemplares dos jornais não entravam na concentração, lembrando que não havia *internet* e muito menos rede social. *"Os jornais foram proibidos de entrar na concentração por uma decisão do grupo. Estávamos bem tranquilos. Não existiam as redes sociais. As críticas nos uniram, entramos no campo de mãos dadas, o que motivou o grupo e ganhamos a*

Copa. Nenhuma seleção que não tem talento ou virtudes é capaz de ganhar uma Copa. Tinham críticas injustas que extrapolavam o lado profissional e invadiam o pessoal, mas era uma seleção madura e o futebol é resultado", analisa Mauro Silva.

Bebeto também destaca que a união do grupo ajudou a superar as dificuldades: *"Nós nos preocupamos com a gente e não com o que vinha de fora. A imprensa sempre falava mal e cabia a nós mostrar, dentro de campo, que não era nada daquilo que falavam"*.[146]

O capitão do penta em 2002, Cafu, ressalta que, para ele, a seleção de 1994 foi uma escola e não merece críticas: *"Foi uma grande experiência que eu tive ao conquistar a Copa ao lado de jogadores importantes, líderes natos como Dunga, Raí e Jorginho. Eu fui absorvendo um pouco de cada um: a liderança do Parreira, a simpatia do Zagallo... Depois disso, eu tive a chance de disputar mais duas Copas, duas finais consecutivas [a terceira contando 1994], e ser o capitão em 2002"*.[147]

"Depois de 94, o futebol brasileiro se soltou mais e chegou ainda a outras duas finais seguidas, inclusive com o título de 2002. Quanto mais críticas, mais unidos os jogadores ficavam. [...] Contra a Suécia, na primeira fase, foi o único tropeço da equipe. Já nos jogos eliminatórios, a seleção mostrou toda força que tinha", pondera Raí.[148]

Márcio Santos lamenta a pressão: *"A torcida brasileira não tinha mais paciência com a seleção nem a imprensa. Realmente foi uma pressão muito grande, mas a mescla de jogadores novos com experientes deu muito certo"*.[149] O ex-jogador salienta que as reprises das partidas da seleção de 1994, durante a pandemia, pela Globo e pelo SporTV, fizeram parte da torcida mudar, positivamente, a opinião sobre a equipe.

Paulo Sérgio cita a experiência dos jogadores que atuaram em 1986 e 1990 como fundamental: *"Eles passaram a experiência para nós. Esse foi*

---

146. Depoimento ao autor em agosto de 2023.
147. Depoimento ao autor em agosto de 2023.
148. Depoimento ao autor em agosto de 2023.
149. Depoimento ao autor em agosto de 2023.

o nosso suporte e entendemos que tínhamos que nos concentrar, focar e não tínhamos que dar ouvidos para vozes extracampo. E foi isso que fizemos. Não entrava jornal ou revista na concentração, conversávamos e estávamos sempre unidos. Tivemos uma equipe competitiva e madura".[150]

Remanescente de 1990, Ricardo Rocha lembra que erros foram corrigidos, como manter distância da família, e destaca: *"Aquela pressão foi muito grande em cima da gente. A gente sabia que nós não chegamos à Copa como favoritos. O favoritismo viria com o tempo, jogo a jogo".*[151]

O goleiro Taffarel classifica como injustas muitas críticas feitas à seleção de 1994: *"A partir do momento que a gente venceu aquela Copa e as críticas continuaram, eu não concordo porque elas são infundadas. É uma seleção que ganhou uma Copa e tem de ser ovacionada e elogiada. A crítica sem fundamento atrapalha demais e você tem que buscar forças no elenco, no grupo".*[152]

"A gente se reunia e conversava por horas antes dos jogos. Se a gente tinha qualquer tipo de problema, a gente resolvia. Então, isso foi muito forte naquela seleção. A cobrança era grande em cima de todos nós, jogadores", relembra Jorginho. Ainda no Brasil, os jogadores assistiram palestras do *coach* Evandro Motta, o que ajudou os atletas a enfrentarem os momentos mais difíceis.

Ainda sobre a forma de jogar da seleção, o ex-goleiro Gilmar ironiza: *"Como é que se ganha uma Copa do Mundo? Dando show, dando espetáculo, fazendo malabarismo? Então, quem quiser isso vai para o circo".*

Mazinho ameniza as críticas: *"Sempre tivemos dificuldades com os torcedores, mas pouco a pouco fomos conseguindo fazer a seleção jogar bem, buscando os resultados e conseguimos inverter todo esse quadro [desfavorável] ao dar uma alegria muito grande ao povo brasileiro".*[153]

---

150. Em depoimento ao autor, Paulo Sérgio lembra que, em 1990, as esposas dos jogadores ficaram no mesmo hotel da seleção. Em 1994, não podiam ficar e nem todas foram para os Estados Unidos.

151. Depoimento ao autor em agosto de 2023.

152. Depoimento ao autor em agosto de 2023.

153. Depoimento ao autor em setembro de 2023.

Pelos relatos dos atletas, as reuniões entre eles durante a Copa também eram muito direcionadas sobre como enfrentar e superar as críticas. Os mais experientes, que tinham disputado o mundial de 1986 e 1990, chamados de "dinossauros" pelos mais jovens, ajudaram o grupo a passar com mais segurança e confiança pelas turbulências.

"*E Parreira riu por último.*"

(Título do *Jornal do Brasil*)

Zagallo era uma espécie de "aparador" das críticas feitas a Parreira
(*Gazeta Press*/Acervo)

12

Os homens de Parreira e de Zagallo

Um homem pragmático e que perseguiu o título da Copa até o fim, sem demonstrar irritação com as críticas da imprensa ou da torcida. O carioca Carlos Alberto Parreira tinha 48 anos de idade quando assumiu o desafio de comandar uma equipe derrotada e cercada de desconfianças.

"Escolinha do Professor Parreira (conter os estrelismos, buscar uma seleção aguerrida e disciplinada taticamente)", dizia a *Revista Manchete*. A publicação tratava o técnico como um obstinado: *"Parreira insistia: 'Quero ver todo mundo de olhos fechados'. Tão íntimos da bola que nem precisam olhar para ela"*. Entretanto, para a imprensa e torcida, em muitos momentos a seleção não parecia tão íntima da bola assim. O treinador era acusado de fugir às tradições do futebol brasileiro. No entanto, a conquista do tetracampeonato colocou Parreira na história e o selecionado nacional recuperou o prestígio no cenário esportivo.

Nascido no Rio de Janeiro, em 27 de fevereiro de 1943, Carlos Alberto Parreira se formou em educação física e começou a trabalhar no São Cristóvão. No fim dos anos 60, teve a primeira experiência como treinador ao comandar a seleção de Gana. Na sequência, voltou ao Brasil para trabalhar no Vasco da Gama. Já na Copa de 1970, foi um dos preparadores físicos da seleção, treinada por Zagallo, que conquistou o tricampeonato.

Parreira passou por inúmeros clubes nacionais e internacionais como Fluminense, Corinthians, São Paulo, Atlético Mineiro, Bragantino, Santos, Internacional, Valencia (Espanha) e Fenerbahçe (Turquia). Ele é o brasileiro que mais dirigiu seleções de outros países. O treinador esteve em seis mundiais, sendo por cinco equipes diferentes: Kuwait (1982), Emirados Árabes Unidos (1990), Brasil (1994 e 2006), Arábia Saudita (1998) e África do Sul (2010). Em 2006, na Alemanha, a parceria entre ele e Zagallo foi reeditada, mas o Brasil foi eliminado pela França nas quartas de final. Antes do tetra, Parreira teve uma breve passagem pela seleção brasileira, em 1983.

Já Zagallo, o "velho lobo", nasceu em 9 de agosto de 1931, em Maceió, Alagoas. Como jogador, teve destaque no América-RJ, Flamengo e Botafogo e foi bicampeão mundial com a seleção brasileira, em 1958 e 1962. Como técnico, passou pelos principais clubes do Rio de Janeiro, enquanto que em São Paulo comandou a Portuguesa, no fim dos anos 90. Trabalhou também no mundo árabe. Zagallo comandou a inesquecível seleção de 1970. Com a saída de Parreira, após o tetra, assumiu a equipe nacional e foi vice-campeão em 1998, na França. Em 2006, ocupou novamente o cargo de coordenador técnico ao lado de Parreira. Polêmico, emotivo e apaixonado pela camisa amarela, o ex-ponta-esquerda é o único a estar presente em quatro títulos mundiais. Zagallo morreu, aos 92 anos, em 5 de janeiro de 2024, durante o processo final de produção deste livro.

Nas redes sociais, Ronaldo "Fenômeno" fez uma homenagem ao eterno vencedor: *"Zagallo tem um significado enorme na minha vida e carreira, mas sua grandeza transcende as relações interpessoais. O que ele representa para o mundo, para o esporte e para o país é de uma dimensão tão fora do comum que, hoje, com a sua partida, muitos falarão em fim de uma era. Direi diferente: sua era é eterna. Zagallo Eterno tem 13 letras. O Velho Lobo é o último [...] de uma geração que colocou o Brasil no mapa do futebol; o único tetracampeão mundial. Sorte a nossa que tivemos de engolir essa lenda e aprender com sua paixão pela Seleção Brasileira o verdadeiro sentido da amarelinha. Sorte a minha que tive a sua direção em campo – sem dúvida alguma, meu melhor técnico – e a sua mentoria para além das quatro linhas – Mário Jorge também foi um pai pra mim [...]".* Zagallo e Ronaldo estiveram juntos nas Copas de 1994, 1998 e 2006.

Abaixo, um perfil dos vinte e dois jogadores tetracampeões:

Cláudio André Mergen Taffarel (08.05.1966) – camisa 01

O gaúcho de Santa Rosa (RS), um dos heróis do tetracampeonato, sofreu somente três gols na Copa e, entre os goleiros brasileiros campeões do mundo, Gylmar, Félix e Marcos, é o menos vazado. Taffarel foi muito contestado pela imprensa, principalmente quando continuou sendo convocado para a seleção, mesmo estando na reserva do Parma. Entretanto, o arqueiro brilhou nos momentos decisivos e honrou a confiança do técnico Carlos Alberto Parreira. Taffarel disputou três Copas (1990, 1994 e 1998) e foi medalha de prata na Olimpíada de 1988, quando mostrou que já era especialista em defender pênaltis. Contra a Alemanha, na semifinal dos Jogos de Seul, o jogador brilhou. Taffarel marcou época no Internacional-RS e ainda vestiu a camisa do Atlético-MG. No exterior, atuou no Parma e Reggiana, da Itália, e no Galatasaray, da Turquia. Depois de pendurar as chuteiras, virou treinador de goleiros, com passagens pela seleção brasileira e Liverpool, da Inglaterra.

Durante o depoimento para este livro, ao saber que o narrador Galvão Bueno o considera o melhor goleiro brasileiro em Copas, Taffarel agradeceu, mas não deixou a modéstia de lado: *"Acho bacana, assim como eu tenho admiração pelo trabalho dele e fico muito feliz que ele tenha essa admiração pelo meu trabalho. Mas, não é um conceito geral"*. O tetracampeão não perde a chance de citar o bordão do narrador: *"Sai, sai que é sua, Taffarel"*.

Jorge de Amorim Campos (17.08.1964) – camisa 02

O lateral Jorginho fez parte da seleção brasileira que perdeu a Copa de 1990 e tirou lições daquela derrota. Em 1994, deu a volta por cima e foi um dos grandes nomes do tetra. Com a mesma determinação que dava combate, ajudava no ataque. No Rio de Janeiro, Jorginho atuou com as camisas do América e do Flamengo. Depois, na Alemanha, jogou no Bayern Leverkusen e no Bayern de Munique. Atuou ainda com a camisa do Kashima Antlers, do Japão. Na volta ao Brasil, teve passagens por São Paulo, Vasco da Gama e Fluminense. Como treinador, o ex-lateral também passou por inúmeros clubes do Brasil e do exterior.

Aldair Santos do Nascimento (30.11.1965) – camisa 13

Nascido em Ilhéus, na Bahia, o zagueiro Aldair se destacou no Flamengo, mas logo foi jogar na Europa: Benfica, Roma e Genoa. O atleta teve uma atuação impecável na Copa. Convocado para o lugar de Mozer, Aldair seria reserva, mas entrou no lugar de Ricardo Rocha. A dupla formada por ele e Márcio Santos é a menos vazada entre as seleções brasileiras campeãs do mundo.

Márcio Roberto dos Santos (15.09.1969) – camisa 15

Márcio Santos estava no Novorizontino quando foi convocado pela primeira vez para a seleção brasileira, quando o técnico ainda era Paulo Roberto Falcão. O zagueiro virou titular a partir da contusão de Ricardo Gomes às vésperas da Copa. Nascido em São Paulo, Márcio passou por inúmeros clubes nacionais e internacionais, como Inter-RS, Botafogo-RJ, Bordeaux (França), Fiorentina (Itália) e Ajax (Holanda).

Cláudio Ibraim Vaz Leal (Branco) (04.04.1964) – camisa 06

Branco foi um dos jogadores mais decisivos da seleção brasileira na Copa. Com muita superação, o lateral se recuperou das dores nas costas, marcou o gol da vitória contra a Holanda e converteu um dos pênaltis na decisão contra a Itália. Do grupo, ele era um dos jogadores mais experientes, pois tinha disputado os mundiais de 1986 e 1990. Branco nasceu em Bagé, no Rio Grande do Sul, e se destacou no Internacional e no Fluminense. O ex-jogador atuou por Brescia e Genoa, da Itália, e Porto, de Portugal. Na volta ao Brasil, o camisa seis da seleção ainda atuou por Grêmio, Corinthians, Flamengo e Mogi Mirim.

Mauro Silva Gomes (12.01.1968) – camisa 05

Mauro Silva é um dos gigantes da seleção de 1994. Com força física, raça e talento, o meio campista foi brilhante durante toda a Copa. Além de ajudar a defesa, apoiava o ataque e, por pouco, não marcou gol na final contra a Itália. Nascido em São Bernardo do Campo, em São Paulo, o ex-atleta vestiu as camisas de Guarani, Bragantino e La Coruña, da Espanha. Mauro Silva ganhou chance na seleção ainda sob o comando de Paulo Roberto Falcão.

Carlos Caetano Bledorn Verri (Dunga) (31.10.1963) – camisa 08

O capitão da seleção brasileira tetracampeã saiu do inferno e atingiu o céu em quatro anos. Do fracasso em 1990, na Itália, à vitória nos Estados Unidos, Dunga calou os críticos que o rotularam de símbolo de uma "era" de mau futebol praticado pela seleção brasileira. A vingança veio no momento em que o jogador ergueu a taça de campeão do mundo. Depois que Raí perdeu a titularidade, Carlos Alberto Parreira deu a braçadeira de capitão ao camisa 8. Brigador e raçudo, Dunga se destacou no Inter de Porto Alegre. No Brasil, ainda vestiu as camisas de Corinthians, Santos e Vasco. Fora do país, o meio-campista atuou por Pisa, Fiorentina e Pescara, da Itália, além de Stuttgart, da Alemanha, e Júbilo Iwata, do Japão. Como técnico, Dunga comandou a seleção brasileira na Copa de 2010, na África do Sul, quando a equipe foi eliminada pela Holanda nas quartas de final.

Iomar do Nascimento (Mazinho) (08.04.1966) – camisa 17

O paraibano Mazinho foi um jogador importante para o esquema de Carlos Alberto Parreira. Como Raí tinha dificuldades na marcação, o treinador colocou o meio-campista ao lado de Dunga e de Mauro Silva. Para muitos, excesso de defensivismo, para outros, a proteção necessária

Versátil, em inúmeros momentos Mazinho se deslocava para proteger a lateral esquerda. O ex-jogador se destacou no Vasco da Gama e no Palmeiras. Mazinho teve também uma longa carreira em clubes no exterior: Lecce e Fiorentina, da Itália, e Valencia, Celta de Vigo, Elche e Alavés, da Espanha. No depoimento que concedeu para este livro, Mazinho atribui a convocação dele para a Copa ao desempenho que vinha tendo no Palmeiras: *"O destaque que eu tive no Palmeiras fez com que eu voltasse à seleção. Pude retornar da Itália para o Brasil e aí comecei a pensar em uma nova Copa do Mundo"*.[154] Lembrando que ele esteve entre os vinte e dois jogadores do mundial de 1990, mas não entrou em campo.

Crizam César de Oliveira Filho (Zinho) (17.06.1967) – camisa 09

Para os críticos, Zinho não tinha na seleção o mesmo desempenho que no Palmeiras, pois o esquema de Carlos Alberto Parreira o prejudicava. De qualquer maneira, o camisa 9 da seleção era um brigador e, claro, foi importante para a vitória brasileira. O meia-armador nasceu em Nova Iguaçu, no Rio de Janeiro, e atuou com as camisas de Flamengo, Palmeiras, Grêmio, Cruzeiro e Yokohama Flügels, do Japão.

José Roberto Gama de Oliveira (Bebeto) (16.02.1964) – camisa 07

Nascido em Salvador, na Bahia, Bebeto se emociona até hoje ao falar sobre a conquista do tetracampeonato. No depoimento para este livro, não foi diferente. As lágrimas nos olhos são mais notadas quando ele fala sobre o nascimento do filho durante a Copa. O atacante brasileiro atuou por Vitória, Flamengo, Vasco da Gama, Cruzeiro, Botafogo, La Coruña, da Espanha, onde é ídolo até hoje, e Kashima Antlers, do Japão. Bebeto se aventurou na política e foi eleito deputado estadual pelo Rio de Janeiro. Ironicamente, ele e Romário romperam relações justamente por questões partidárias.

---

154. Depoimento ao autor em setembro de 2023.

Romário de Souza Faria (19.01.1966) – camisa 11

Romário é um dos maiores gênios da história do futebol mundial e autor de mais de mil gols. Nascido no Rio de Janeiro, o "Baixinho" chegou como "salvador da pátria" para classificar a seleção nas eliminatórias. Marrento, polêmico e avesso aos treinamentos, Romário foi, com justiça, escolhido como o melhor jogador da Copa de 1994. Ao segurar a taça, chorou copiosamente enrolado à bandeira brasileira. Dos onze gols marcados pela seleção no mundial, cinco foram dele. Depois de ter destaque no Vasco, Romário foi para o exterior e vestiu as camisas do PSV Eindhoven, da Holanda, e Barcelona, da Espanha. Na sequência, teve passagens pelo Flamengo e voltou à Europa para atuar pelo espanhol Valencia. O ex-jogador, que se aposentou no fim dos anos 2000, também atuou por Fluminense, Al-Sadd, do Qatar, Miami FC, dos Estados Unidos, Adelaide United, da Austrália, e América-RJ. Assim como Bebeto, Romário ingressou na carreira política e foi eleito senador. Preferiu não conceder entrevista para este livro.

Armelino Donizetti Quagliato (Zetti) (10.01.1965) – camisa 12

Zetti é um dos maiores goleiros da história do São Paulo, bicampeão da Libertadores e do Mundial de Clubes, em 1992 e 1993. Ágil e de reflexos rápidos, o ex-jogador, nascido em Porto Feliz, em São Paulo, chegou a atuar como titular da seleção em alguns jogos, mas Carlos Alberto Parreira sempre apostou em Taffarel. O ex-goleiro teve ainda passagens por Palmeiras, Santos, Fluminense, União Barbarense e Sport. Depois de encerrar a carreira, Zetti fez curso de treinador e passou por clubes como Jundiaí-SP, Guarani, Ponte Preta, Fortaleza, Paraná e Atlético-MG, além do trabalho na base do próprio São Paulo.

Ricardo Roberto Barreto da Rocha (11.09.1962) – camisa 03

O pernambucano Ricardo Rocha é um dos grandes zagueiros do futebol brasileiro e continuaria como titular da seleção na Copa se não fosse a contusão logo no primeiro jogo. Fora de campo, teve um papel importante ao passar toda experiência aos mais jovens. O ex-jogador estava no grupo dos "dinos", ou seja, remanescente da derrota em 1990. Foi dele a ideia de que os jogadores entrassem em campo de mãos dadas antes do jogo contra a Bolívia, em Recife, pelas eliminatórias. Ricardo Rocha passou por Santo Amaro, Santa Cruz, Guarani, Sporting, de Portugal, São Paulo, Real Madrid, da Espanha, Santos, Vasco, Olaria, Flamengo, Fluminense e Newell's Old Boys, da Argentina.

Ronaldo Rodrigues de Jesus (Ronaldão) (19.06.1965) – camisa 04

Foi às vésperas da Copa de 1994 que Ronaldo virou "Ronaldão". A CBF resolveu adotar o nome na camisa para diferenciar o zagueiro do jovem atacante Ronaldo Nazário (futuro "Fenômeno") que, por causa disso, passou a ser chamado nos anos seguintes de "Ronaldinho". Ronaldão foi chamado às pressas para a vaga de Ricardo Gomes, cortado por contusão, mas não chegou a ser acionado por Carlos Alberto Parreira. Nascido em São Paulo, Ronaldão ganhou destaque no tricolor paulista e foi bicampeão mundial em 1992 e 1993. Atuou ainda por Shimizu S-Pulse, do Japão, Flamengo, Santos, Coritiba e Ponte Preta.

Marcos Evangelista de Morais (Cafu) (07.06.1970) – camisa 14

Cafu é um predestinado e um obstinado. Nasceu no mesmo dia em que a seleção brasileira derrotou a Inglaterra na Copa de 1970. Ainda muito jovem, teve de passar por quase dez "peneiras"[155] para começar no futebol. Apesar de se consagrar como lateral direito, o ex-atleta já jogou até pela ponta-esquerda pelas mãos do saudoso Telê Santana, no São Paulo. Cafu entrou na final da Copa aos 20 minutos do primeiro tempo, no lugar de Jorginho, e teve um excelente desempenho. O lateral foi titular absoluto nos dois mundiais seguintes, quando a seleção também chegou às finais. Em 2002, coube a Cafu, como capitão, erguer a taça na conquista do penta. Nascido em Itaquaquecetuba, em São Paulo, ele

---

155. Nome popular de testes nos clubes para a escolha de novos jogadores.

marcou época no São Paulo e no Palmeiras. No exterior, jogou no Zaragoza, da Espanha, Roma e Milan, da Itália.

Gilmar Luís Rinaldi (13.01.1959) – camisa 22

Gilmar foi um dos grandes goleiros da história do Internacional de Porto Alegre, do São Paulo e do Flamengo. Nascido no Rio Grande do Sul, ele encerrou a carreira no Cerezo Osaka, do Japão. Pela seleção brasileira, conquistou a medalha de prata nos Jogos de Los Angeles, em 1984, e dez anos depois, também nos Estados Unidos, foi campeão mundial com a camisa amarela, como terceiro goleiro escolhido por Carlos Alberto Parreira. Em 2014, assumiu o cargo de coordenador geral de seleções da CBF, mas deixou a vaga dois anos depois. Durante a Copa de 1994, Gilmar registrou em vídeo inúmeros momentos do grupo campeão. São imagens dos vestiários, dentro do ônibus e, claro, da festa após a conquista do tetra.

Leonardo Nascimento de Araújo (05.09.1969) – camisa 16

O lateral esquerdo começou a Copa como titular, mas sempre estava ameaçado pela volta de Branco à equipe. Em um lance infeliz contra os Estados Unidos, Leonardo foi expulso e não mais voltou a campo. O ex-jogador sempre se diferenciou de colegas de profissão, principalmente pelo comportamento exemplar. Em inúmeros momentos na carreira, também jogou como meia. Nascido em Niterói, no Rio de Janeiro, vestiu as camisas de Flamengo, São Paulo, Valencia, da Espanha, Kashima Antlers, do Japão, PSG, da França, e Milan, da Itália. Ao encerrar a carreira, Leonardo treinou a Internazionale de Milão e também ocupou cargos de dirigente no Milan e no Paris Saint Germain. Disputou ainda a Copa de 1998, na França.

Raí Souza Vieira de Oliveira (15.05.1965) – camisa 10

Revelado pelo Botafogo de Ribeirão Preto, Raí era conhecido apenas como irmão de Sócrates, jogador que marcou época no Corinthians e na seleção, até explodir no São Paulo. Em 1991, foi campeão Paulista e Brasileiro e viveu a fase áurea do tricolor paulista, com o bicampeonato da Libertadores e o título do mundial de clubes de 1992. Já em 1993 foi vendido ao Paris Saint Germain. Na Copa, começou a campanha do tetra como capitão, mas perdeu a vaga de titular para Mazinho a partir das oitavas de final contra os Estados Unidos. Mesmo na reserva, entrou nos jogos contra a Holanda (quartas) e a Suécia (semifinal), sempre com muita dedicação e vontade. Em depoimento para este livro, Raí revelou que tinha esperanças de disputar a Copa de 1998, na França, entretanto, não foi lembrado pelo técnico Zagallo.

Paulo Sérgio Silvestre Nascimento (02.06.1969) – camisa 18

O meia-atacante Paulo Sérgio está entre os jogadores mais contestados da seleção de 1994. No entanto, o camisa 18 tinha a confiança de Carlos Alberto Parreira, que o acionou sempre que considerava necessário. Era um atleta versátil e chegou a atuar no Corinthians como ponta, centroavante e até como goleiro em um duelo contra o São Paulo, após expulsão de Ronaldo Giovanelli. Nascido em São Paulo, defendeu ainda as cores do Novorizontino, Bayern Leverkusen e Bayern de Munique, da Alemanha, Roma, da Itália, e Al-Wahda, dos Emirados Árabes Unidos.

Luís Antônio Corrêa da Costa (Müller) (31.01.1966) – camisa 19

O experiente Müller disputou três Copas: 1986, 1990 e 1994. O apelido foi uma homenagem ao alemão Gerd Müller, campeão mundial em 1974. Durante a fase de preparação, o ex-jogador contou com a confiança de Parreira, mas perdeu espaço depois da convocação de Romário. Vestiu a camisa de inúmeros clubes, como São Paulo (foi bi mundial), Palmeiras, Santos, Cruzeiro, Torino e Perugia, da Itália, e Kashiwa Reysol, do Japão. Como treinador, trabalhou no Grêmio Maringá, Sinop, Imbituba e Blumenau.

Ronaldo Luís Nazário de Lima (18.09.1976) – camisa 20

Natural de Itaguaí, no Rio de Janeiro, Ronaldo costuma dizer que ter participado do grupo do tetracampeonato, mesmo não tendo entrado em campo, valeu para ele como se fosse uma universidade. O atacante foi campeão aos 17 anos, mesma idade de Pelé ao disputar a primeira Copa, em 1958, na Suécia. Ronaldo jogou mais três mundiais, dessa vez, como titular absoluto. Em 1998, na França, foi vice-campeão e em 2002, no Japão e na Coreia do Sul, entrou de vez para a história ao conquistar o pentacampeonato mundial com a seleção. Artilheiro da Copa com oito gols, Ronaldo, já chamado de "Fenômeno", balançou as redes dos alemães na finalíssima: vitória por 2 a 0. O atacante ainda esteve na fracassada campanha de 2006, na Alemanha, quando atingiu 15 gols em mundiais. A vida de Ronaldo também foi marcada por superações físicas em relação aos problemas nos joelhos. Vestiu as camisas de Cruzeiro, PSV Eindhoven, da Holanda, Barcelona e Real Madrid, da Espanha, Milan, da Itália, e Corinthians.

Paulo Sérgio Rosa (Viola) (01.01.1969) – camisa 21

Viola teve "15 minutos de fama" na final da Copa de 1994, ao entrar na reta final da partida contra a Itália. O atacante brinca até hoje que poderia ter sido o autor do gol que daria o tetracampeonato para a seleção brasileira. Nascido em São Paulo, o ex-jogador é um dos grandes nomes da história do Corinthians. Passou por mais de vinte clubes, como Palmeiras, Santos, Vasco da Gama, Santos, Bahia, Flamengo e Valencia, da Espanha.

Cartaz oficial da Copa de 1994
(FIFA/Reprodução)

Resultados, classificação e curiosidades da Copa de 1994

**Copa do Mundo de 1994 – Estados Unidos
de 17 de junho a 17 de julho**

Grupo A	Grupo B	Grupo C
18.06 Romênia 3 x 1 Colômbia	19.06 Camarões 2 x 2 Suécia	17.06 Alemanha 1 x 0 Bolívia
18.06 EUA 1 x 1 Suíça	20.06 Brasil 2 x 0 Rússia	17.06 Espanha 2 x 2 Coreia do Sul
22.06 EUA 2 x 1 Colômbia	24.06 Suécia 3 x 1 Rússia	21.06 Alemanha 1 x 1 Espanha
22.06 Suíça 4 x 1 Romênia	24.06 Brasil 3 x 0 Camarões	23.06 Coreia do Sul 0 x 0 Bolívia
26.06 Romênia 1 x 0 EUA	28.06 Brasil 1 x 1 Suécia	27.06 Alemanha 3 x 2 Coreia
26.06 Colômbia 2 x 0 Suíça	28.06 Rússia 6 x 1 Camarões	27.06 Espanha 3 x 1 Bolívia

Grupo D	Grupo E	Grupo F
21.06 Nigéria 3 x 0 Bulgária	18.06 Irlanda 1 x 0 Itália	19.06 Bélgica 1 x 0 Marrocos
21.06 Argentina 4 x 0 Grécia	19.06 Noruega 1 x 0 México	20.06 Holanda 2 x 1 Arábia Saudita
25.06 Argentina 2 x 1 Nigéria	23.06 Itália 1 x 0 Noruega	25.06 Bélgica 1 x 0 Holanda
26.06 Bulgária 4 x 0 Grécia	24.06 México 2 x 1 Irlanda	25.06 Arábia 2 x 1 Marrocos
30.06 Bulgária 2 x 0 Argentina	28.06 Irlanda 0 x 0 Noruega	29.06 Holanda 2 x 1 Marrocos
30.06 Nigéria 2 x 0 Grécia	28.06 Itália 1 x 1 México	29.06 Arábia Saudita 1 x 0 Bélgica

Quartas	
09.07 Itália 2 x 1 Espanha	09.07 Brasil 3 x 2 Holanda
10.07 Bulgária 2 x 1 Alemanha	10.07 Suécia 2 x 2 Romênia (5 x 4)
3º lugar	
16.07 Suécia 4 x 0 Bulgária	
Final	
17.07 Brasil 0 x 0 Itália (3 x 2)	

Classificação final

	Seleção	Jogos	Vitórias	Empates	Derrotas	Gols	Sofridos	Saldo	Pontos*
1º	Brasil	7	5	2	0	11	3	+8	17
2º	Itália	7	4	2	1	8	5	+3	14
3º	Suécia	7	3	3	1	15	8	+7	12
4º	Bulgária	7	3	1	3	10	11	-1	10
5º	Alemanha	5	3	1	1	9	7	+2	10
6º	Romênia	5	3	1	1	10	9	+1	10

	Seleção	Jogos	Vitórias	Empates	Derrotas	Gols	Sofridos	Saldo	Pontos*
7º	Holanda	5	3	0	2	8	6	+2	9
8º	Espanha	5	2	2	1	10	6	+4	8
9º	Nigéria	4	2	0	2	7	4	+3	6
10º	Argentina	4	2	0	2	8	6	+2	6
11º	Bélgica	4	2	0	2	4	4	0	6
12º	Arábia	4	2	0	2	5	6	-1	6
13º	México	4	1	2	1	4	4	0	5
14º	EUA	4	1	1	2	3	4	-1	4
15º	Suíça	4	1	1	2	5	7	-2	4
16º	Irlanda	4	1	1	2	2	4	-2	4
17º	Noruega	3	1	1	1	1	1	0	4
18º	Rússia	3	1	0	2	7	6	+1	3
19º	Colômbia	3	1	0	2	4	5	-1	3
20º	Coreia	3	0	2	1	4	5	-1	2
21º	Bolívia	3	0	1	2	1	4	-3	1
22º	Camarões	3	0	1	2	3	11	-8	1
23º	Marrocos	3	0	0	3	2	5	-3	0
24º	Grécia	3	0	0	3	0	10	-10	0

* Cada vitória na primeira fase valia três pontos

Artilharia: Salenko (Rússia) e Stoichkov (Bulgária), com seis gols
Gols marcados: 141
Média: 2,71

O mundo é uma bola

Batizada de *Questra*, a bola utilizada no mundial tinha cinco camadas de materiais capazes de diminuir a deformação na hora do chute ou do impacto no solo, reduzindo a perda de energia cinética (trabalho necessário para que uma massa saia do repouso). Na prática, a velocidade era de 10% a 15% maior do que de outras bolas, chegando rapidamente a 110 km/h. A *Questra*, fabricada pela Adidas no Paquistão, tinha como material principal o poliuretano e era costurada à mão.

Vozes da Copa

Os tenores Luciano Pavarotti, José Carreras e Plácido Domingo fizeram um *show* histórico nas Termas de Caracalla, marcando o fim da Copa de 1990, na Itália. Já nos Estados Unidos, quatro anos depois, o trio se apresentou na véspera da final entre Brasil e Itália. O local do *show*, entretanto, foi bem diferente. Em vez do local histórico de Roma, os tenores cantaram no Dodgers Stadium de Los Angeles.

Um gosto especial para o Rei

Ainda na transmissão da TV Globo, assim que a seleção conquistou a Copa, Pelé declarou que o tetra não teria o mesmo sabor se fosse conquistado na França, em 1998. Para o Rei, a vitória nos Estados Unidos era especial. O atleta do século XX foi o responsável por implementar uma importante semente do esporte em terras americanas. Em sua autobiografia, Pelé admitia que, inicialmente, não estava muito confiante no título, mas depois deu tudo certo. *"O Brasil ganhou o título pela quarta vez, para minha grande alegria, com meu velho amigo Zagallo como coordenador técnico e Carlos Alberto Parreira como treinador. [...] Infelizmente para Baggio, ele se revelaria mais um vilão do que um herói, perdendo a última cobrança de pênalti, depois que a prorrogação terminou zero a zero. Não foi uma final clássica, e acabou sendo uma maneira horrível de decidir quem seria o campeão, mas eu pulei de alegria quando o capitão do Brasil, Dunga, ergueu o troféu"*, relembrou.

Depois de se despedir do Santos, em 1974, Pelé começou a negociar a ida dele para o Cosmos, de Nova Iorque. Inúmeros craques foram jogar no time, como o alemão Franz Beckenbauer e o capitão do tri, Carlos Alberto Torres. Além de atrair o público para os jogos, o Rei participou ainda de um trabalho para formação de novos atletas. O processo também ajudou a popularizar o *soccer* entre as mulheres. A seleção feminina dos Estados Unidos é a maior campeã de Copas: 1991, 1999, 2015 e 2019. Pelé se despediu do Cosmos em outubro de 1977, quando pendurou de vez as chuteiras.

As garrafinhas como referência

Durante uma das edições do programa *Jô na Copa*, a produção separou imagens curiosas do mundial. Por causa do calor, os goleiros deixavam garrafas de água ao lado da rede para a hidratação durante as partidas. No jogo entre Alemanha e Bélgica, por exemplo, pelas oitavas de final, em um dos gols alemães, a bola cruzou a linha e bateu exatamente na garrafa colocada pelo grande arqueiro Michel Preud'homme. Uma cena parecida foi vista no duelo entre Itália e México, quando Bernal fez o gol de empate contra os europeus.

Será que os atacantes usavam as garrafinhas como referência para o chute?

Prato variado

Os jogadores brasileiros eram os mais bem preparados fisicamente de todas as seleções da Copa. Mas havia também muita preocupação com a alimentação dos atletas. Depois dos jogos, por exemplo, eram servidos carboidratos: massas, batata e arroz, conforme informou a *Folha de S.Paulo*. "*Segundo o médico Mauro Pompeu, o desgaste dos que atuaram, decorrente de vários fatores (os 90 minutos de jogo, o calor, a tensão pela estreia) precisa ser neutralizado não só por treinos mais leves ontem e hoje, mas também pela dieta*", relatou o jornal após a estreia da equipe de Carlos Alberto Parreira. O cozinheiro Martinho deixava à disposição dos atletas sempre três opções de carne: de vaca, peixe e frango.

Os brasileiros poderiam morrer de calor, mas de fome, nunca!

Imagens marcantes do tetra

A FIFA começou a produzir os filmes oficiais das Copas a partir de 1954. São imagens preciosas do "maior espetáculo da Terra". Para o mundial de 1994, a tarefa coube ao diretor brasileiro Murilo Salles, que apostou em uma superprodução. O título original é *Two Billion Hearts* (dois bilhões de corações). Em português, o documentário ficou conhecido como *Todos os Corações do Mundo*. O filme explora o desconhecimento dos americanos em relação à competição. A equipe de produção instalou câmeras em todos os pontos dos estádios e as imagens são, muitas vezes, diferentes das que eram vistas pela televisão. A decisão por pênaltis traz uma dose extra de emoção: depois do pênalti perdido por Roberto Baggio, o espectador pode conferir a comemoração no Brasil e a decepção nas ruas da Itália.

Vale a pena assistir.

Cartaz do filme oficial da Copa de 1994
(Acervo pessoal do autor)

Escobar: morte controversa

O jogador Andrés Escobar Saldarriaga foi assassinado em dois de julho de 1994. A Copa ainda estava em andamento, mas a seleção colombiana já tinha sido eliminada. O crime chocou o mundo e ganhou novas versões nos últimos anos. O zagueiro, que defendia o Atlético Nacional, foi morto a tiros no estacionamento de uma discoteca de Medellín. Imediatamente, a opinião pública ligou o caso ao gol contra feito por ele na partida diante dos Estados Unidos. O autor dos disparos, Humberto Muñoz Castro, ficou preso até 2005. O jogador colombiano estava dentro do carro quando começou a ser provocado por dois irmãos que o culparam pela eliminação da seleção. Em meio ao bate-boca, Muñoz Castro, segurança dos irmãos, disparou doze tiros contra Escobar. Uma das versões indica que a morte teria sido encomendada por apostadores que se deram mal com a derrota precoce da Colômbia na Copa. O próprio assassino, aliás, seria um desses apostadores. A outra explicação é que os irmãos tinham conexão com o tráfico de drogas e estariam revoltados com o fracasso da equipe colombiana. Milhares de pessoas acompanharam o funeral de Escobar em meio a protestos contra a violência. O então presidente da Colômbia, César Gaviria, apresentou pêsames ao pai do jogador, Dario, e à noiva do atleta.

A volta da Cruz de Malta

Desde 1917, o escudo bordado na camisa da seleção brasileira é uma referência a uma Cruz de Malta que, na verdade, trata-se da Cruz da Ordem de Cristo ou Cruz Pátea, criada pelo Papa João XXII, em 1319. Inicialmente, essa cruz levava a inscrição da CBD, Confederação Brasileira de Desportos. Em 1979 foi criada a Confederação Brasileira de Futebol e a camisa da seleção passou então a ter a sigla da CBF no emblema. Entretanto, na Copa de 1982 o escudo foi alterado: a Cruz de Malta deu lugar à imagem da taça *Jules Rimet*, conquistada em definitivo em 1970. Além do troféu, havia o desenho de um ramo de café, um patrocínio do IBC, o Instituto Brasileiro do Café. Já em 1991, a CBF decidiu voltar a utilizar a Cruz de Malta. Portanto, o emblema estampado na camisa da equipe de 1994 era o mesmo das conquistas da seleção em 1958, 1962 e 1970.

Evolução dos escudos da seleção brasileira
(Acervo pessoal do autor)

Mais sobre a amarelinha

Além da volta da Cruz de Malta, a seleção estreou uma nova camisa na Copa. Fabricada pela Umbro, o uniforme tinha três grandes escudos da CBF estampados em *degradé*. A gola verde era bem maior do que a vestimenta usada pela seleção em 1990. Acima do escudo, claro, estavam estampadas as três estrelas que ganhariam a companhia de uma quarta, depois da conquista do tetracampeonato.

Um "dão" a mais?

A Copa de 1994 foi a primeira em que a FIFA determinou que as camisas das seleções tivessem estampadas nas costas os nomes dos jogadores acima dos números. A ideia surgiu depois de uma sugestão dos organizadores norte-americanos para orientar os torcedores locais a conhecerem melhor os atletas. Para diferenciar os "Ronaldos" da seleção, a CBF inscreveu o zagueiro como sendo "Ronaldão". *"Não vou brigar por causa de um 'dão'"*, declarou à *Folha de S.Paulo*. Como Ronaldão foi chamado às pressas para substituir Ricardo Gomes, as camisas que seriam usadas por Ronaldo Nazário já estavam prontas. Em entrevista à imprensa, Ronaldão admitiu que não gostaria de ser chamado dessa forma, mas depois se conformou. Por causa disso, nos anos seguintes, Ronaldo Fenômeno foi muitas vezes chamado de "Ronaldinho" pelos narradores esportivos.

Os nórdicos e o calor

Claro que o calor durante os jogos da Copa era um desafio para todos os jogadores. Mas, nitidamente, os suecos sentiam muito mais as altas temperaturas e temiam pela insolação e por queimaduras de pele. O atacante Brolin, por exemplo, usava uma pomada branca nos lábios para evitar problemas, principalmente durante os jogos que eram disputados por volta de uma da tarde.

Jogo longo e chato

Se existisse um *ranking* oficial dos jogos mais chatos da história das Copas, um dos principais "candidatos" seria o duelo entre Bolívia e Coreia do Sul, pelo grupo C. A partida foi disputada no Foxboro Stadium, em Boston, e terminou empatada por zero a zero. O jogo, fraquíssimo tecnicamente e muito chato, teve ainda um agravante. Seguindo as recomendações da FIFA, o árbitro Leslie Mottram, da Escócia, deu acréscimos generosos nos dois tempos. Já na etapa final, o relógio passou dos cinquenta minutos.

O fenômeno Cafu

O então presidente da FIFA, João Havelange, deu uma de profeta em entrevista publicada pelo *Jornal dos Sports*, edição de 14 de julho de 1993, praticamente um ano antes da final da Copa. O cartola declarou que o futebol do lateral Cafu ainda iria encantar o mundo: *"[...] Este menino é um fenômeno, um grande jogador [...]"*. O "fenômeno" disputou três finais de Copas seguidas, foi campeão em duas e, de quebra, ergueu a taça em 2002. Aliás, nessa entrevista, João Havelange revelou aos jornalistas que aquele mundial deveria ser mesmo disputado na Ásia. O presidente da FIFA já citava o Japão, mas não cogitou a possibilidade de uma sede conjunta com a Coreia do Sul, como acabou ocorrendo. Em 2002, Havelange já tinha saído do comando da FIFA.

Luxemburgo tetracampeão?

O vidente Robério de Ogum era um convidado habitual do *"Mesa-Redonda"*, da TV Gazeta, exibido nas noites de domingo. Em 1993, em meio à turbulência causada pela derrota para a Bolívia nas eliminatórias, ele disse com todas as letras ao jornalista Roberto Avallone, apresentador do programa, que Carlos Alberto Parreira deixaria o comando da seleção e seria substituído por Vanderlei Luxemburgo, treinador do badalado Palmeiras. E mais: a troca iria garantir o tetracampeonato ao futebol brasileiro.

Acertou pela metade.

Tudo por dinheiro?

Durante a fase de preparação da seleção na América do Norte, a TV Globo fez de tudo para não mostrar as placas de publicidade instaladas no gramado do estádio onde o Brasil jogava contra o Canadá. Na época, a emissora alegou problemas técnicos, mas se especulou que os cortes na imagem tinham a ver com desacerto no pagamento de valores do patrocínio. A geração de imagens da partida não era do *"pool"* da FIFA e, por isso, a Globo podia fazer o enquadramento do gramado da forma que bem entendesse. Claro que, durante a Copa, isso não se repetiu.

Festa publicitária

O mercado publicitário brasileiro previa que a Copa pudesse movimentar US$ 500 milhões em comerciais e anúncios. O valor poderia aumentar em US$

100 milhões caso a seleção fosse campeã. O investimento no setor começou a aumentar em fevereiro de 1994 e seguiu com fôlego até julho e agosto. A estabilidade da moeda também contribuía para a expectativa positiva. Os investimentos poderiam crescer 20% ao longo do segundo semestre.

O jogo dos jornalistas: 14 a 1

O jornalista Octávio Muniz conta que os profissionais de imprensa organizaram uma partida em Dallas, principalmente entre funcionários da Bandeirantes e do SBT, mas não era "emissora contra emissora", estavam todos misturados. *"Meu time ganhou da equipe que tinha o Rivellino por 14 a 1, com dez gols de Mário Sérgio"*, relata Tatá Muniz.

O jornalista relembra ainda uma passagem que ocorreu na partida entre Brasil e Holanda pelas quartas de final: *"Eu e o Eli Coimbra aparecemos no filme oficial da FIFA comemorando que nem loucos o gol do Branco, atrás da meta"*. Octávio Muniz conta que era uma espécie de vingança, porque os jornalistas brasileiros, que faziam a cobertura da seleção adversária em treinamentos e coletivas, eram maltratados e discriminados pelos holandeses.

O "fosso" de Clinton

Antes da Copa, a FIFA pediu a ajuda do presidente dos Estados Unidos, Bill Clinton, para resolver um problema que estava preocupando a entidade. Os administradores dos estádios em Dallas, Washington e Palo Alto cogitavam instalar fossos para separar o gramado das arquibancadas. Os responsáveis pela segurança temiam que torcedores corressem o risco de se acidentar. O assunto foi tratado durante uma visita de João Havelange e do secretário do Comitê Organizador da Copa, Alan Rothenberg, a Bill Clinton. Ao que tudo indica, o pleito do cartola brasileiro foi aceito.

O drama camaronês

A seleção de Camarões enfrentou o Brasil em crise e entrou em campo com salários atrasados, como destacamos no capítulo 5. Diante das dificuldades, o cineasta Spike Lee, sensibilizado, organizou uma festa em Los Angeles com objetivo de arrecadar dinheiro. Além dos problemas financeiros, a comissão técnica não tinha uniforme, chuteiras e nem bolas para os treinamentos.

Coitados dos "leões indomáveis"!

O "peruquinha" da Copa

Uma das figuras mais folclóricas da Copa foi o goleiro búlgaro Borislav Mihaylov. Careca, ele apareceu de peruca nas eliminatórias e manteve o acessório durante o mundial. Com um topete que chamava a atenção, o jogador prometeu tirar a peruca em uma eventual comemoração do título. Depois, afirmou que já apareceria careca se a equipe simplesmente chegasse à final, o que não ocorreu. Apesar de uma campanha inédita, a Bulgária ficou em quarto lugar, mas ninguém viu Mihaylov sem peruca. A FIFA o escolheu como o segundo melhor goleiro da Copa, atrás do belga Michel Preud'homme. Taffarel ficou em terceiro, depois do "peruquinha".

Goleiro folclórico

O mexicano Jorge Campos tinha "apenas" um metro e setenta centímetros de altura, padrão baixo para um goleiro, mas ele compensava a estatura com agilidade e defesas cinematográficas. As camisas que usava eram excessivamente coloridas, o que chamava a atenção. Em um intervalo da Globo, durante um jogo do México, o apresentador Fausto Silva o chamou de "grilo". Jorge Campos esteve também na Copa de 1998, na França.

Por falar em camisas coloridas, os árbitros da Copa também usavam uniformes um tanto extravagantes. A moda pegou e, durante o mundial, as vestimentas passaram a ser vendidas ao público em geral.

Tristeza mexicana

Um jato que levava torcedores do país para assistir ao mundial caiu ao tentar aterrissar no aeroporto John Foster Dulles, em Washington. De acordo com jornais da época, as doze pessoas a bordo morreram. A aeronave tinha sido fretada por duas famílias de classe média alta da Cidade do México. O grupo iria assistir ao duelo do país contra a Noruega.

O mexicano que salvou Taffarel

No domingo da conquista do tetra, o goleiro brasileiro foi passar a noite em um hotel em que estavam hospedadas a esposa e a filha. No dia seguinte, Taffarel retornou à concentração brasileira para fazer as malas e retornar ao Brasil com o restante do grupo tetracampeão. O trajeto foi feito de táxi. *"Juntei as malas da minha filha, mulher e pegamos um táxi. Eu usava uma pochete. E lá estavam a medalha, meu passaporte e tinha o dinheiro [da premiação, cerca de 60 mil dólares], porque na época a gente ganhava a premiação pelo Mundial em espécie"*, contou ao jornal *O Globo*. Taffarel esqueceu absolutamente tudo no veículo. Cerca de uma hora e meia depois, o taxista, que era mexicano e conhecia bem o futebol brasileiro, reapareceu e entregou os pertences ao tetracampeão.

Tome que é sua, Taffarel!

Com quem está a faixa?

O paradeiro da faixa em homenagem a Ayrton Senna, exibida pelos tetracampeões depois do título, era dado como desconhecido até 2019. Uma reportagem do portal *UOL* a localizou com Américo Faria, que foi supervisor da seleção de 1994. *"Essa faixa quem fez fui eu e ela está guardada comigo até hoje"*, contou. Ao ser procurado pela reportagem, o ex-integrante da comissão técnica explicou: *"Fazia um tempo que eu não via essa faixa, mas ela foi dobrada e guardada. Eu fui emendando as folhas, unindo, não me lembro se foi com durex ou fita crepe"*.

O goleiro Gilmar conta que a faixa foi feita na véspera da final. *"O Ayrton estava sempre presente em todos os nossos momentos. A gente se sentia meio que na obrigação de dar alegria ao país que estava muito triste"*, conta o ex-jogador.

Pelo menos a faixa resistiu ao tempo. Viva a Ayrton Senna!

Banheiro de Romário

Anos depois da Copa, surgiu uma polêmica envolvendo Romário. Nas portas de um banheiro de um bar aberto pelo ex-jogador, foram desenhadas caricaturas de Zagallo, sentado em um vaso sanitário, e de Zico, segurando um rolo de papel higiênico. Por causa de uma contusão, o "Baixinho" foi cortado da seleção que iria disputar a Copa de 1998. Romário tentava se vingar dos dois desafetos. O "velho lobo" treinava a equipe brasileira e tinha o "galinho de quintino" como auxiliar. Os dois entraram com um processo e Romário foi obrigado a pagar uma indenização.

Maradona e o FBI

Assim que o resultado positivo do exame de *doping* de Maradona foi confirmado, o FBI, serviço de inteligência dos Estados Unidos, e a DEA, órgão responsável pela repressão às drogas no país, receberam a informação. Os dois órgãos tinham a prerrogativa, por exemplo, de banir a entrada do jogador em terras americanas e até de suspender o visto de entrada. A FIFA puniu Maradona, é verdade, mas evitou qualquer incidente diplomático com a Argentina. Em entrevista à revista *Manchete*, Diego declarou: *"Não foi justo, não tive direito de defesa"*. Depois da punição, com o craque fora da Copa, torcedores da Argentina exibiram uma faixa em defesa dele: *"Maradona ainda é um herói"*.

Caça aos autógrafos

Um pré-adolescente de 12 anos ganhou um presente de aniversário da mãe durante a Copa: hospedar-se no mesmo hotel da seleção brasileira, em Detroit. Até o dia 27 de junho, véspera da partida contra a Suécia, ainda na primeira fase, o americano Justin Walker tinha conseguido o autógrafo de onze jogadores. O menino também parecia ser profeta: *"Pedi este presente porque queria estar perto dos futuros campeões"*.

O autor em visita ao Stanford Stadium, em 2022
(Acervo pessoal)

Estádios modernos

Apesar das praças esportivas da Copa terem sido improvisadas do futebol americano para o *soccer*, as estruturas eram modernas e passaram por reformas. A revista *Manchete* diz que os americanos podiam não entender de futebol, mas iriam oferecer estádios confortáveis e com alta tecnologia, como serviços computadorizados, escadas rolantes e grandes áreas de estacionamento. O que comportava menos carros era o de Stanford, com 5.000 vagas marcadas. Já a capacidade do Rose Bowl, palco da final, era de, na época, de 102.083 torcedores.

Caso O. J. Simpson

Faltavam cinco dias para começar a Copa, quando explodiu um dos casos mais polêmicos e midiáticos da história dos Estados Unidos. Em 12 de junho de 1994, Nicole Brown e Ronald Goldman foram violentamente assassinados na casa dela. O principal suspeito do crime era O. J. Simpson, Orenthal James Simpson, astro do futebol americano e ex-marido da moça. O pouco espaço dado ao soccer pelos jornais americanos foi praticamente "engolido" pelo noticiário sobre as mortes. O passado de agressões e o ciúmes que O. J. Simpson sempre demonstrou o transformaram no principal suspeito do duplo homicídio. No mesmo dia da abertura da Copa, os canais de TV cobriram a perseguição a O. J. Simpson, que tinha fugido. Depois de ser detido, começou o processo que culminou em um dos julgamentos de mais destaque da história americana. Condenado previamente pela mídia, o júri o inocentou. Interessante que, anos depois, ele voltou a se sentar no banco dos réus e foi condenado, mas pela prática de outros crimes, como roubo à mão armada, sequestro e associação criminosa, amargando uma pena de 33 anos de prisão. Depois de nove anos, obteve liberdade condicional. Ele morreu em 10 de abril de 2024.

Caixinha de multas

O grupo de 1994 era muito fechado e seguia regras, muitas estipuladas pelos próprios jogadores. O lateral Jorginho instituiu uma espécie de "caixinha" para depositar dinheiro relativo a multas. Seria punido quem chegasse atrasado às refeições e aos treinos. O valor desembolsado por quem desrespeitasse as regras era de US$ 50. Durante a Copa, outros motivos passaram a gerar multa. Entrevistas à imprensa, por exemplo, só poderiam ser dadas depois de treinos e dos jogos. Fora isso, a caixinha ganhava mais notas de dólares. Jorginho conta que a cobrança era tão grande que queriam até multar o técnico Parreira: *"Uma vez ele voltou* antes ao hotel, antes de um treinamento. Ficou determinado que todos fossem juntos e voltassem juntos".[156] O grupo também tinha algumas superstições. Jorginho e Romário sempre entravam primeiro no ônibus.

O homem sem função

O termo "Rainha da Inglaterra" poderia ser aplicado para o chefe da delegação brasileira na Copa. Mustafá Contursi, na época presidente do Palmeiras, recebeu o cargo da CBF de forma "decorativa". Sem função nenhuma, ele passava os dias em hotéis ou debaixo de um guarda-sol acompanhando os treinos da seleção. À *Folha de S.Paulo* declarou: *"Estou engordando. Acho que já engordei uns quatro quilinhos. Minha altura é 1,70 m e já devo ter passado dos 100 kg"*. Descendente de árabes e de italianos, Mustafá revelou que nunca dava palpite sobre o esquema de jogo da seleção.

Melhor assim!

Supersticioso, parte um

Mário Jorge Lobo Zagallo nunca escondeu ser um homem supersticioso. Quando a seleção brasileira foi campeã da Copa América, em 2004, ele declarou: *"'Brasil campeão' têm treze letras, 'Argentina vice' também têm treze"*. Ao explicar como começou essa fixação pelo número treze, que segundo ele trazia sorte, Zagallo lembrou: *"Começou em 1958, no meu primeiro título: 5 + 8 = 13. Agora, em 1994, recebi uma carta de um torcedor, assinalando que as palavras Coca-Cola e Umbro, nomes dos patrocinadores da seleção, somam treze letras. Fomos 'tetracampeões' - outra vez treze. Não é demais?"*[157]

---

156. Depoimento ao autor em agosto de 2023.

157. Depoimento à revista *Manchete* comemorativa do título.

Supersticioso, parte dois

O que pouca gente sabe é que Carlos Alberto Parreira também era afeito a números, mas ao "sete". A *Folha* resume: *"O técnico nasceu em um dia 27 do ano 43 (a soma dos números é 7) deste século. Foi campeão mundial como preparador físico na Copa de 70, aos 27 anos. A final do mundial [de 1994] será no dia 17 do sétimo mês do ano. Será o 52º [jogo] (cinco mais dois, igual a sete) da competição. A Copa começou no dia 17 de junho".* Haja superstição!

Bandeiras nos estádios

A Copa de 1994 foi a décima quinta da história do futebol. Para explorar o número, os organizadores estenderam grandes bandeiras nos estádios e cada uma tinha o número em algarismo romano: "XV". A revista *Manchete*, por exemplo, comemorava o início do mundial: *"Explode coração. A Copa do Mundo já está aí, de pulso acelerado, adrenalina a mil. Os Estados Unidos já dão os últimos retoques para a promoção do maior evento esportivo de todos os tempos, com 30 bilhões de telespectadores acumulados sintonizados nos jogos, a começar por Alemanha e Bolívia, nesta sexta-feira, e chegando ao Brasil segunda-feira contra a tremenda Rússia".*

Só um reparo: a Rússia não era tão "tremenda" assim.

Os pintores da seleção

Durante a Copa, Zetti exercia uma das atividades que mais gostava fora dos gramados: pintar quadros. O ex-goleiro começou a fazer pinturas a partir de uma fratura que sofreu em 1988 em um jogo do Palmeiras contra o Flamengo. Ele ficou meses se recuperando e usou o *hobby* para evitar a depressão. O ex-jogador chegou a prestar vestibular para artes plásticas, antes de deixar o Palmeiras e ser transferido para o São Paulo.

Outro "artista" ligado à seleção do tetra, o técnico Carlos Alberto Parreira, passou a levar a atividade cada vez mais a sério, principalmente quando parou de viver do futebol, com direito até a exposições em galerias de arte.

O desconhecimento em relação à Copa

Uma nota da revista *Manchete* indica que 40 milhões de crianças e jovens praticavam o *soccer* no ano da Copa de 1994. O dado é curioso, pois mostra que o esporte já era popular no país. Entretanto, o desconhecimento em relação ao mundial era grande. *"Uma recente pesquisa da Harris verificou que apenas 25% dos americanos adultos consultados sabiam que esporte a Copa do Mundo envolvia, e só 20% tinham ideia de que o torneio seria realizado neste verão dos Estados Unidos. No soccer profissional, alguém se lembra do Cosmos?"*, questionava a publicação. Já uma pesquisa USA/Today/CNN/Gallup mostrava que 56% dos americanos não sabiam sobre a Copa no próprio país.

Parabéns, Zinho!

O dia em que a Copa começou, 17 de junho, era especial para Zinho. Ele estava completando 26 anos. A revista *Caras* lhe ofereceu um celular para que pudesse conversar com a mulher, Simone. O jogador aparece sorridente, segurando um bolo e com o aparelho no ouvido. Como a conexão ainda era difícil e precária, não tem como saber se realmente ele conversou com a esposa naquela hora ou se apenas posou para o fotógrafo.

Deus, futebol e o papa

Quando os jogadores e os integrantes da comissão técnica rezaram o "Pai Nosso" no gramado do Rose Bowl, um telespectador ficou especialmente sensibilizado: o Papa João Paulo II. De origem polonesa, ele era um dos dois bilhões de telespectadores que assistiram à conquista do tetracampeonato.

Medo do "fenômeno"

Antes da Copa, os jornais indicavam que Ronaldo poderia surpreender e seguir os passos de Pelé, campeão mundial com apenas 17 anos. Inclusive, notícias de bastidores indicavam que Bebeto temia perder a vaga para o jovem jogador. No aeroporto do Galeão, antes do embarque para a América do Norte, Bebeto declarou: *"Vai ser uma boa jogar com esse garoto"*. Ronaldo admitia a felicidade por estar ao lado do ídolo: *"Vai ser o maior barato se eu entrar ao lado do meu ídolo de antigamente"*. Entretanto, o futuro "fenômeno" não entrou em campo. Vale lembrar que a dupla atuou junta na Copa de 1998, na França.

O craque na "espionagem"

Leovegildo Lins Gama Júnior, ou simplesmente Júnior, um dos maiores laterais da história do Flamengo e do futebol brasileiro, era "olheiro" da comissão técnica. Ele fez, por exemplo, um relatório minucioso sobre os russos. Em relação aos suecos, Brolin, do Benfica, era apontado pelo "maestro" como o cérebro da equipe. E ele foi taxativo: *"O Romário sueco é esse Brolin"*.

O cartola do mundo

João Havelange assumiu o comando da FIFA em 1974 e se vangloriava de ter revolucionado a entidade. Em uma entrevista para a revista *Manchete*, o cartola afirmava que a Federação era a maior multinacional do planeta, pois, na época, tinha o apoio dos onze maiores patrocinadores do mundo. *"Aos 78 anos de idade, João Havelange, presidente da FIFA, tem um ritmo de vida que muito jovem seria incapaz de cumprir: trabalhou cerca de 14 horas diárias nos últimos 20 anos. Dos 365 dias do ano, ele passa 300 viajando de um para outro canto do mundo, determinando os rumos do futebol, esporte que tem 200 milhões de praticantes nos cinco continentes [...]"*, informava a publicação. Em 1974, a FIFA promovia apenas dois eventos: a Copa e o torneio de futebol disputado nas Olimpíadas. Naquele ano de 1994, já eram pelo menos nove. Sobre a não participação de Pelé no sorteio dos grupos da Copa, o cartola amenizou: *"Apliquei no Pelé um castigo de pai para filho"*. Lembrando que o Rei e o então genro de Havelange, Ricardo Teixeira, eram desafetos.

Ex-mulher do capitão

A atriz Teresinha Sodré apresentava o programa *De olho na Copa*, exibido pela TV Manchete, aos sábados, às 20h. Ela tinha sido esposa do capitão do tricampeonato, Carlos Alberto Torres. Durante o mundial, o "capita" estava trabalhando no SBT.

Romário e a imprensa

Os jornais e as revistas do planeta tinham simpatia por Romário e elogios efusivos não faltavam. O *New York Times* chamou o jogador de *"o herdeiro do trono do soccer"*. Para a *Manchete*, ele era *"um Mustang de arrancada incontrolável com aceleração igual a um quarto de milha"*. Depois do gol dele contra a Rússia, a revista deu um detalhe exclusivo ao dizer que as imagens de TV não mostraram Romário comemorando com os colegas no banco de reservas.

Sem entradas

Os mais de três milhões e meio de ingressos colocados à venda para a Copa já estavam esgotados em fevereiro de 1994. O porta-voz da FIFA, Guido Tognoni, foi quem deu a informação aos jornalistas e constatou: *"Será o primeiro mundial da história do futebol em que todas as entradas foram vendidas"*. Em caso de devolução dos bilhetes, já havia uma espécie de fila de espera. O processo de distribuição desagradou as federações dos países que pleiteavam mais ingressos. Na Alemanha, por exemplo, a entidade local queria 40 mil bilhetes, mas recebeu 10 mil.

Consolo colombiano

Apesar do fracasso da Colômbia na Copa, os dois primeiros jogos da seleção, contra a Romênia e diante dos Estados Unidos, tiveram recorde de público, com cerca de 93.194 espectadores. Morreram na praia cedo, muito cedo.

Professor Moraci

O preparador físico da seleção brasileira era tido como rígido e reclamações contra ele não faltavam. Interessante que somente os atletas do São Paulo resistiam bem aos exercícios aplicados pelo "professor". Detalhe: Moraci Sant'Anna trabalhava no tricolor do Morumbi. O jornalista Ney Bianchi, da revista *Manchete*, brincou: *"[...] Os outros todos estão com a musculatura esticada como cordas de violino, consequência da mudança no ritmo de trabalho".*

A Copa de Mattheus

Assim que o filho de Bebeto nasceu, era natural que jornais, revistas e emissoras de TV procurassem a esposa Denise para entrevistas. O bebê pesava 3,4 kg e tinha 52 cm. A mãe gostava de citar e fazer comparações com o número da camisa de Bebeto. A cesariana se deu no dia sete do mês sete. O horário do nascimento foi 14h20 e a soma dos números um, quatro e dois dá sete! Denise ficou no quarto sete da maternidade e Matheus recebeu nota sete nos testes de reflexo e capacidade. A família garantia que ele se agitava no colo da mãe quando ouvia o nome de Bebeto.

Itamar, "o discreto"

Juscelino Kubitschek, João Goulart e Emílio Garrastazu Médici eram os presidentes da República nos anos de conquista da seleção: 1958, 1962 e 1970, respectivamente. Já o mineiro Itamar Franco comandava o Brasil em 1994[158] e, ao contrário dos antecessores, era uma figura mais discreta e torcia quase sempre em silêncio. Ele assistiu a todos os sete jogos na TV do Palácio da Alvorada, residência oficial, em Brasília, ao lado de amigos próximos. Itamar negava-se a posar para fotos, antecipando eventuais comemorações pela conquista. Assim que Dunga ergueu a taça, ele ditou o texto para um documento que seria enviado, via fax, aos jogadores e à comissão técnica: *"A conquista do tetra tem significado de recompensa para todos os brasileiros que merecem o direito do sonho realiza-*

---
158. Fernando Henrique Cardoso era o presidente em 2002, ano do pentacampeonato.

do. Nossos jogadores desportistas merecedores de nossa admiração irrestrita, demonstraram competência técnica, inteligência, espírito de equipe, coragem e patriotismo, que peço a Deus inspire todo o povo e sirva de exemplo a todos os países". O presidente tinha uma superstição: assistir aos jogos com a mesma roupa, sendo uma camisa branca e uma calça azul. Para ele, eram as cores que lhe deram sorte em anos de campanha política.

Presidente torce pela seleção no Alvorada
(Acervo: Memorial Presidente Itamar Franco)

A seleção na capa da *Time*

A edição latino-americana da revista de mais prestígio dos Estados Unidos deu destaque para o mundial e estampou na capa uma foto de

Bebeto fazendo uma jogada de bicicleta. O título parecia extraído de uma revista em quadrinhos: *"Bing! Bam! Boom!"* A publicação comemorou o êxito da Copa e citava os astronômicos índices de audiência da televisão em todo o planeta. Até a população do Vietnã pôde assistir aos jogos.

Os cambistas na final da Copa

Quem não tivesse conseguido comprar ingresso para a final entre Brasil e Itália teria de recorrer a pessoas que circulavam em volta do Rose Bowl e faziam a venda no "mercado paralelo". De acordo com Ney Bianchi, da *Manchete*, o valor mínimo era de 1.200 dólares. Os cambistas não eram americanos, mas sim brasileiros. Isso mesmo! Eram turistas que tinham gastado muito dinheiro durante a Copa e precisavam de recursos para sobreviver no país até a volta para casa. A solução era ver a partida em bares próximos ao estádio.

O favorito da imprensa

No centro de imprensa instalado no Rose Bowl, os jornalistas deram palpites sobre o campeão e o placar da finalíssima:

Brasil – 60%

Itália – 40%

Brasil 2 x 1 – 30%

Brasil 4 x 1 – 20%

Brasil 3 x 0 – 15%

Brasil 1 x 0 – 15%

Itália 2 x 1 – 10%

Itália 1 x 0 – 10%

A maioria, 60%, achava que a partida iria para a prorrogação. Não se tem notícia de que alguém apostou nas penalidades máximas.

Para Pelé e Zagallo

Os dois maiores "embaixadores" do futebol brasileiro nos deixaram em um intervalo de pouco mais de um ano e durante a produção deste livro que você acaba de ler. Edson Arantes do Nascimento faleceu em 29 de dezembro de 2022, aos 82 anos. Já Zagallo morreu em 5 de janeiro de 2024, aos 92 anos. Nessas breves linhas, o meu agradecimento aos dois, por tudo o que eles sempre representaram ao futebol mundial.

Referências

Jornais
Folha de S.Paulo
O Estado de S.Paulo
O Globo
Jornal do Brasil
Gazeta Esportiva
Jornal dos Sports

Revistas
Placar
Manchete
Veja
IstoÉ
Fatos & Fotos

Livros

ANDRADE, Carlos Drummond. *Quando é dia de futebol*. São Paulo: Companhia das Letras, 2014.

BIBAS, Solange. *As Copas que ninguém viu*. Rio de Janeiro: Catavento, 1982.

CARDOSO, Tom. *O Marechal da Vitória: uma história de rádio, TV e futebol*. São Paulo: A Girafa, 2004.

CASTRO, J.Almeida. *Histórias da bola*. Portugal: Talento, 1998.

DUARTE, Orlando: *Todas as Copas do Mundo*. São Paulo: Makron Books, 1994.

GOUSSINSKY, Eugenio; ASSUMPÇÃO, João Carlos. Deuses da bola. São Paulo: Dórea Books and Art, 1998.

HEIZER, Teixeira: *O Jogo Bruto das Copas do Mundo*. Rio de Janeiro: Mauad, 1997.

LANCELLOTTI, Sílvio. *Almanaque da Copa do Mundo*. Porto Alegre: L&PM, 1998

LÉO, Alberto. *História do Jornalismo Esportivo na TV brasileira*. Rio de Janeiro: Editora Maquinária, 2017.

PELÉ. *A autobiografia*. São Paulo: Sextante, 2006.

RIBAS, Lycio Vellozo. *O Mundo das Copas*. Brasil: Lua de Papel, 2010.

THIAGO UBERREICH

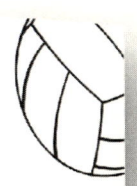

1958
O BRASIL É CAMPEÃO

A conquista que colocou o país no mapa

Ouça as transmissões de rádio dos jogos do Brasil na Copa de 1962 (QR Code na p. 147)

Letrasdo Pensamento

THIAGO UBERREICH

1962
O BRASIL É BI

A conquista que confirmou a hegemonia sa seleção brasileira

Ouça as transmissões
de radio dos jogos
do Brasil na Copa de 1962
(QR Code na p. 147)

Letrasdo
Pensamento

(Spine: THIAGO UBERREICH — 1958 O BRASIL É BI)

THIAGO UBERREICH

1970
O BRASIL É TRI

A conquista que eternizou a seleção brasileira

Ouça as transmissões
de rádio dos jogos do
Brasil na Copa de 1970
(QR Code na p. 147)

Letrasdo
Pensamento

THIAGO UBERREICH

A história das primeiras Copas conquistadas pela seleção brasileira

1958
O BRASIL É CAMPEÃO

1962
O BRASIL É BI

1970
O BRASIL É TRI

A trilogia do tricampeonato

Letras do Pensamento

QUEM SOMOS

As **Editoras LETRAS JURÍDICAS** e **LETRAS DO PENSAMENTO**, com 24 anos no mercado Editorial e Livreiro do país, são especializadas em publicações jurídicas e literatura de interesse geral, destinadas aos acadêmicos, aos profissionais da área do Direito e ao público em geral. Nossas publicações são atualizadas e abordam temas atuais, polêmicos e do cotidiano, sobre as mais diversas áreas do conhecimento.

As **Editoras LETRAS JURÍDICAS** e **LETRAS DO PENSAMENTO** recebem e analisam, mediante supervisão de seu Conselho Editorial, artigos, dissertações, monografias e teses jurídicas de profissionais dos Cursos de Graduação, de Pós-Graduação, de Mestrado e de Doutorado, na área do Direito e nas demais áreas técnicas e universitárias, além de obras na área de literatura e de interesse geral.

Na qualidade de Editora Jurídica e de Interesse Geral, mantemos uma relação em nível nacional com os principais Distribuidores e Livreiros do país, para divulgarmos e distribuirmos as nossas publicações em todo o território nacional. Temos ainda relacionamento direto com as principais Instituições de Ensino, Bibliotecas, Órgãos Públicos, Cursos Especializados de Direito e todos os segmentos do mercado.

Participamos também de **Feiras Nacionais e Internacionais**.

NOVIDADE!!! O(a) Autor(a) da LJ/LP terá uma página exclusiva para inserir sua biografia, fotos, vídeos e artigos de sua área e textos em geral, para interagir com o leitor e ganhar maior visibilidade no mercado.

Na qualidade de editora prestadora de serviços, oferecemos os seguintes serviços editoriais:

- Análise e avaliação de originais para publicação;
- Redação, revisão, edição e preparação de texto;
- Assessoria técnica editorial;
- Cadastro do ISBN – CBL e SNEL;
- Ficha catalográfica – CBL e SNEL;
- Design e montagem de arte de capa;
- Digitação e diagramação de textos;
- Direitos Autorais: consultoria e contratos;
- Elaboração de sumários, índices e índice remissivo;
- Fotografia e escaneamento de material fotográfico;
- Gráfica: pré-impressão, projetos e orçamentos;
- Ilustração: projeto e arte final;
- Audio-Books;
- Livro Digital: formatos E-book e Epub;
- Organização de lançamentos, eventos, palestras e workshops;
- Pesquisa Editorial CBL e SNEL;
- Peças Publicitárias para divulgação: banner, cartaz, convite de lançamento, folheto, marcador de página e material de apoio em geral.

Nesse período, as Editoras exerceram todas as atividades ligadas ao setor Editorial/Livreiro do país. É o marco inicial da profissionalização e de sua missão, visando exclusivamente ao cliente como fim maior de seus objetivos e resultados.

"NOSSAS MARCAS MOSTRAM AS LETRAS DO FUTURO"
O EDITOR

As Editoras reproduzem com exclusividade todas as publicações anunciadas para empresas, entidades e/ou órgãos públicos. Entre em contato para maiores informações.
Nossos sites: *www.letrasjuridicas.com.br* e *www.letrasdopensamento.com.br*
E-mails: *comercial@letrasjuridicas.com.br* e *comercial@letrasdopensamento.com.br*
Telefone/fax: (11) 3107-6501 – 99352-5354